2021年辽宁省教育厅基本科研项目（重点项目）
"社交媒体语境下体育健康传播模式建构与机制创新研究"（LJKR0474）

体育健康传播新视界
基于社交媒体语境

袁秋菊 著

New Horizons
in Sports Health
Communication
Research

化学工业出版社

·北京·

内容简介

本书聚焦数字化时代社交媒体与体育健康传播的融合，系统探索其传播模式与机制的创新。通过多维度研究方法，回溯两者发展脉络，建构多维传播模式框架，并以微博、微信为例分析网络影响。书中对比多平台实践，揭示认同建构机制，提出破解传播困境的创新策略。

本书兼具理论深度与实践价值，为传播学理论提供新视角，也为优化体育健康信息服务、提升全民健康素养提供指南。适合传播学、体育学、公共卫生领域研究者，社交媒体从业者及公共政策制定者阅读，兼具学术参考与行业实践价值。

图书在版编目（CIP）数据

体育健康传播新视界：基于社交媒体语境 / 袁秋菊著. -- 北京：化学工业出版社，2025.3. -- ISBN 978-7-122-47457-5

Ⅰ. G80-05；R193

中国国家版本馆 CIP 数据核字第 2025J5S671 号

责任编辑：宋　薇　　　　　　装帧设计：张　辉
责任校对：杜杏然

出版发行：化学工业出版社
　　　　（北京市东城区青年湖南街13号　邮政编码100011）
印　　装：涿州市般润文化传播有限公司
710mm×1000mm　1/16　印张13　字数219千字
2025年7月北京第1版第1次印刷

购书咨询：010-64518888　　　　售后服务：010-64518899
网　　址：http://www.cip.com.cn
凡购买本书，如有缺损质量问题，本社销售中心负责调换。

定　价：88.00元　　　　　　　　版权所有　违者必究

前言

体育健康传播新视界——
基于社交媒体语境

在当今数字化浪潮席卷全球的时代背景下,社交媒体已然成为人们生活中不可或缺的一部分,深刻改变着信息传播的格局以及人们获取知识、交流互动的方式。与此同时,随着大众健康意识的日益觉醒,体育健康领域备受关注,其传播需求与日俱增。社交媒体与体育健康传播的交汇融合是研究价值的崭新领域,既蕴含着拓展传播学理论边界的学术潜力,又承载着助力体育健康事业蓬勃发展、提升全民健康素养的现实意义。

本书聚焦于"社交媒体语境下体育健康传播模式建构与机制创新"这一核心主题,运用多维度、综合性的研究方法,对该领域展开了全面且深入的剖析,旨在揭示其内在规律、探寻优化路径,为推动社交媒体体育健康传播的高质量发展提供坚实的理论与实践支撑。以下将依循各章节脉络,对本书的核心内容予以简要呈现。

第一章和第二章回溯社交媒体与体育健康传播各自的发展脉络,借助文献综述法梳理众多相关文献资料,对社交媒体的定义进行阐释,并清晰呈现其从萌芽到蓬勃发展的历程;同时,明确体育健康传播的概念,详细描绘其在不同阶段的发展态势。通过这一梳理过程,展现二者各自演进的规律以及相互交织融合的历史轨迹,为深入探究社交媒体语境下体育健康传播模式建构与机制创新提供背景铺垫与历史参照。

第三章围绕社交媒体体育健康传播模式建构展开深入研究，用文献综述法，挖掘传播模式演变历程相关文献，梳理出从单向输出到双向互动，再到数字化转型、共创共享生态建构以及迈向个性化传播的各个阶段特点，清晰呈现体育健康传播模式随时代变迁的演进路径。广泛参考既有理论成果，搭建起涵盖传播主体、内容、媒介、效果评估以及传播场景等多要素的体育健康传播模式建构理论框架。以微博和微信为例，运用社会网络分析法，考量二者分别作为强关系网络和弱关系网络的结构特性，剖析其如何影响体育健康传播的内容与形式。通过问卷调查法，探究微信平台在多元主体互动传播、内容情感化与视觉化、社交媒体联动场景以及数据赋能精准传播等方面的实践应用，全方位展示以微信平台为代表的社交媒体在体育健康传播模式建构中的具体策略与实际成效，为后续探讨传播机制创新提供具体的模式参照。

第四章运用逻辑归纳法，从社会、媒介、运动、健康四个维度出发，以先前建构的社交媒体体育健康传播模式为理论依据，梳理机制创新所带来的多维影响与综合呈现。通过对比分析微博、微信、体育健康社区等不同平台的传播实践，归纳总结出各自在传播机制方面的差异性与关联性，把握其显著特点与创新之处。从社会关系角度出发，剖析用户在社交媒体体育健康传播过程中，如何围绕心理、价值、身份和文化等层面逐步建构起多重认同，揭示用户与传播活动之间内在的、深层次的互动关系，进一步丰富对社交媒体体育健康传播机制创新的理解与认识。

第五章针对社交媒体体育健康传播面临的现实困境，从主体认证、内容质量、媒介配置、效果评估以及场景碎片化等多个维度，剖析这些障碍对传播活动造成的阻碍及其根源并提出具有针对性的创新策略，涵盖主体信誉重塑、内容品质提升、媒介功能强化、效果精准呈现以及场景互动融合等方面,旨在化解现存问题,推动社交媒体体育健康传播在模式与机制层面不断优化,实现高质量、可持续发展,为营造健康积极的传播生态、更好地服务大众体育健康需求提供有力支撑。

社交媒体语境下体育健康传播模式建构与机制创新是一个动态发展且充满挑战与机遇的研究领域。希望本书的研究成果能够为后续的学术探索和实践应用提供有价值的参考,吸引更多的学者、从业者投身其中,共同推动这一领域朝着更加科学、高效、有序的方向不断迈进,开创社交媒体体育健康传播的新局面。

限于时间和精力,书中若有不妥之处,敬请指正。

著者
2025 年 2 月

目录

体育健康传播新视界——
基于社交媒体语境

第一章 绪论 001

第一节 研究缘起 001
一、研究背景 001
二、研究目的 004
三、研究创新点 005

第二节 研究对象与方法 006
一、研究对象 006
二、研究方法 007
三、研究思路 008

第三节 相关研究 010
一、健康传播研究 010
二、体育健康传播研究 012
三、社交媒体传播研究 015
四、社交媒体体育健康传播研究 017

第二章　社交媒体与体育健康传播发展　　020

第一节　社交媒体的定义与发展历程 020
一、社交媒体概念 020
二、社交媒体发展历程 022

第二节　体育健康传播回溯与研究转向 025
一、体育健康传播概念 025
二、体育健康传播发展 027

第三章　基于社交媒体的体育健康传播模式建构　　038

第一节　体育健康传播模式的演变历程 038
一、从单向输出到双向互动：体育健康传播模式的变迁 038
二、数字化转型：互联网时代的体育健康传播新格局 046
三、社交媒体的参与革命：建构共创共享的体育健康
传播生态 049
四、移动互联网与大数据时代：面向个性化的体育
健康传播模式 055

第二节　体育健康传播模式建构的理论框架 058
一、健康传播生态模式的基本框架 058
二、体育健康传播主体的角色与功能 061
三、体育健康传播内容的构成与质量 063
四、体育健康传播媒介的选择与优化 065

五、体育健康传播效果的评估方法 ……………………………… 068

　　六、体育健康传播场景的影响因素 ……………………………… 071

第三节　社交媒体平台分析——微博与微信 ………………………… 074

　　一、微博平台的强关系网络分析 ………………………………… 074

　　二、微信平台的弱关系网络分析 ………………………………… 081

　　三、社交媒体平台特性对体育健康传播内容和形式的影响 ……… 084

第四节　社交媒体语境下体育健康传播模式建构 …………………… 087

　　一、研究方法与数据收集 ………………………………………… 087

　　二、微信平台多元主体互动传播：身份融合与角色多元 ………… 095

　　三、微信平台内容情感化与视觉化传播：提升用户参与的

　　　　关键策略 …………………………………………………… 100

　　四、微信平台社交媒体联动场景传播：建构闭环助力用户

　　　　行为改变 …………………………………………………… 106

　　五、微信平台数据赋能精准传播：反馈优化下的健康信息

　　　　定制推送 …………………………………………………… 112

第四章　社交媒体语境下体育健康传播的机制创新　　121

第一节　社交媒体体育健康传播机制创新的多维影响与

　　　　综合呈现 …………………………………………………… 121

　　一、社会维度：社交媒体体育健康传播的社会嵌入与

　　　　价值彰显 …………………………………………………… 121

　　二、媒介维度：社交媒体平台对体育健康传播的特性

　　　　塑造与功能赋能 …………………………………………… 124

三、运动维度：社交媒体体育运动项目传播的策略演进与
创新逻辑……………………………………………………126

四、健康维度：社交媒体健康知识与行为习惯传播的多元
路径与协同机制……………………………………………131

第二节 社交媒体体育健康传播：不同平台的机制特色与
传播效能………………………………………………………135

一、微博体育健康传播：开放性网络语境下的多元主体
协同与创新扩散机制………………………………………136

二、微信体育健康传播：强社交纽带驱动的精准传播与
深度互动融合机制…………………………………………142

三、体育健康社区传播：兴趣聚合导向的专业知识共享
与社群传播内生机制………………………………………149

第三节 社交媒体体育健康传播中用户的认同建构……………155

一、心理认同：契合心理需求的初始认同建构……………156

二、价值认同：基于价值感知的认同深化塑造……………160

三、身份认同：依循身份定位的认同巩固构筑……………163

四、文化认同：融入文化内涵的认同升华营造……………167

第五章 社交媒体语境下体育健康传播的困境与对策 172

第一节 困境：社交媒体体育健康传播的多维障碍剖析………173

一、主体认证困局：社交媒体体育健康传播中的虚假
信息乱象……………………………………………………173

二、内容质量堪忧：社交媒体体育健康信息的准确性与
创新性危机 ··· 173

三、媒介配置失衡：社交媒体体育健康传播功能与监管的
失衡困境 ··· 174

四、效果评估困境：社交媒体体育健康传播影响力的多维
衡量难题 ··· 175

五、场景碎片化藩篱：社交媒体体育健康传播的互动与
扩散阻碍 ··· 175

第二节 对策：社交媒体体育健康传播的创新策略 ·············· 176

一、主体信誉重塑：建构社交媒体体育健康传播主体的
诚信体系 ··· 176

二、内容品质提升：提炼社交媒体体育健康传播的优质信息 ······ 177

三、媒介功能强化：优化社交媒体体育健康传播的策略配置 ······ 178

四、效果精准呈现：提升社交媒体体育健康传播效果的
可视化程度 ··· 178

五、场景互动融合：打造社交媒体体育健康传播的一体化
互动场景 ··· 179

附录一 调查问卷　　　　　　　　　　　　　　　　182

附录二 访谈提纲　　　　　　　　　　　　　　　　189

参考文献　　　　　　　　　　　　　　　　　　　194

第一章

绪 论

第一节 研究缘起

一、研究背景

国民健康水平的提升已经成为全球性的议题。它既是衡量一个国家社会进步和文明程度的重要标志,也直接关系到每个公民的福祉。世界卫生组织报告指出,不健康的生活方式正成为导致慢性病增长的主因,其中身体活动不足被特别点名。这引起了包括中国在内的全球多国政府的高度关注,纷纷采取措施去推动民众参与体育活动,以期在促进人民健康的同时,减轻由此带来的医疗成本负担和社会经济压力。

国民健康水平是衡量一个国家综合国力的重要指标之一,它关乎个体的生命质量、主观幸福感和家庭的和谐幸福,同时也直接关系到国家的经济繁荣与社会稳定。在全球化的背景下,面对日新月异的社会环境和生活节奏,一系列新的挑战逐渐凸显,如身体活动量的减少、人口老龄化的加剧以及慢性病患病率的不断攀升等。这些问题都对国民的健康水平和生活质量产生了不容忽视的负面影响。为了积极应对这些挑战，我国已经采取了一系列重要举措。《"健康中国2030"规划纲要》明确提出"落实预防为主，推行健康生活方式"的核心理念，强调从源头抓起，通过普及健康知识和倡导健康行为，全面提升国民的健康素养。随后发布的《健康中国行动意见》更是将维护全生命周期的健康作为重中之重，提出了针对不同人群、覆盖全生命周期的健康促进行动计划，旨在通过全社会的共同努力，为人民群众提供全方位、全周期的健康服务。习近平总书记在2020年教育文化卫生体育领域专家代表座谈会上的讲话强调，体育是提高人民健康水平的重要途径，是满足人民群众对美好生活向往、促进人的全面发展的重要手段，是促进经济社会发展的重要动力，是展示国家文化软实力的重要平台，体现了体育在国家健康政策中的重要地位。

体育作为提升人民健康水平的重要途径，其重要性不言而喻。无论是学校体育、社区体育还是竞技体育，都在不同层面上促进了人们的身心健康和社会适应能力的提升。然而，尽管有政策的推动和公众健康意识的觉醒，但国内与体育相关的健康传播理论与实践仍处于"缺席"的尴尬境况。这种滞后不仅体现在理论研究的不足，更体现在实践操作的匮乏，尤其是在社交媒体高度发达的今天。在宏大的国家战略背景下，媒体的作用愈发凸显，尤其是在体育健康传播领域。媒体不仅是信息传递的桥梁，更是健康理念和行为规范的引领者。在体育健康传播的过程中，随着新媒体尤其是社交媒体的快速渗透和用户规模的剧增，传统的传播模式和健康传播内容均面临着革新的需求。传统的线性传播模式已无法充分应对社交媒体的动态性和互动性，而社交媒体特有的信息传播特点，如内容的短平快，用户生成内容的多样性以及社群传播的网络特征等，为健康传播提供了新的路径和挑战。在数字化、网络化、社交化的新媒体时代，如何更有效地利用社交媒体等新兴传播渠道，将体育健康传播与社交媒体有机结合，创新体育健康传播模式，已经成为摆在我们面前的一项重大课题。

随着互联网技术的快速发展和社交媒体的普及，人们获取和传播信息的方式发生了根本性的变化。社交媒体作为一种新兴的信息传播渠道，已经渗透到人们的日常生活中，成为人们获取信息、交流沟通和社交互动的重要平台。从早期的论坛、博客，到后来的微博、微信、抖音等，社交媒体的形式和功能不断丰富，满足了人们多样化的社交需求。根据统计数据，全球社交媒体用户数量已经超过40亿，占世界总人口的一半以上。在我国，社交媒体平台如微信、微博、抖音等已累积了数亿用户，覆盖了从年轻人到中老年群体的广泛年龄段。随着互联网的普及和移动技术的不断进步，社交媒体已经成为当代信息流通和人际互动的重要平台，并通过其独有的传播机制和用户互动模式，深刻改变了传统的信息传播格局。这些平台不仅拓宽了个人表达和社交的边界，更提供了前所未有的传播健康知识和信息的机会。因此，深入研究社交媒体在体育健康传播中的运作模式与机制创新显得尤为重要。

社交媒体平台在体育健康传播中扮演的角色愈加重要。用户可通过简单的操作分享健康信息、参与健康挑战活动，并以图像、视频等格式记录运动过程和成果。这种视觉化和游戏化的健康信息传播方式，有效提升了信息的吸引力和用户的参与度。社交媒体带来的数据洞察能力让体育健康传播更加精准。依托于大数据分析，内容创作者可以根据用户的行为习惯和健康状况，推送更加个性化的健康建议和体育活动。这种精准传播不仅提高了信息的针对性和有效性，同时也增强了用户的黏性。此外，社交媒体的用户交互性也为健康传播带来了新机遇。用户不再是被动的信息接收者，而是积极参与讨论、分享和传播健康信息的主体。这种形式不仅引发了社交媒体中的健康行为模仿效应，也极大地促进了健康生活方式的形成和传播。社交媒体在传播健康信息、提高公众健康意识和促进健康行为方面发挥着越来越重要的作用。特别是在体育健康领域，社交媒体为用户提供了获取运动知识、分享健身经验、参与线上活动等多种服务，也为普通用户提供了展示自我、交流心得的平台，推动了体育健康文化的传播和发展，同时，极大地丰富了人们的体育健康生活。尽管社交媒体在体育健康传播中具有巨大潜力，然而，社交媒体在体育健康传播中也面临着诸多挑战，如信息真实性、准确性和科学性难以保障，用户参与度和互动性不高，以及传播效果难以评估等问题。然而，挑战与机遇并存。随着大数据、人工智能等技术的发展，社交媒体在体育健康传播中的应用将更加智能化、精准化。例如，通过用户画像分析，可以为不同类型的用户提供定制化的健身建议和资讯；通过算法推荐，可以将优质的体育健康内容推送给更多感兴趣的用户。这些创新应用将为社交媒体在体育健康传播中发挥更大作用提供有力支持。随着用户对隐私保护和信息安全的要求越来越高，如何在保障用户权益的前提下合理利用社交媒体进行体育健康传播，如何在社交媒体语境下建构有效的体育健康传播模式和机制，以提高传播效果、促进公众健康，成为当前亟待解决的问题。

鉴于社交媒体在体育健康传播中扮演的关键角色，本书旨在探讨社交媒体语境下体育健康传播的新模式和创新机制。本书将分析社交媒体用户行为、传播内容质量、信息传播效果以及用户参与度等多个维度，以期建构符合社交媒体特性的体育健康传播模式，并通过机制创新推进健康信息传播的策略与实践，为促进全民健康贡献力量。本书力求为体育健康传播领域提供新的理论见解和实践指南，同时为政策制定和社会健康促进提供依据和参考。

二、研究目的

本书旨在解析和评估社交媒体在体育健康传播中的角色定位，建立适应社交媒体特性的体育健康传播模式，并提出创新机制以提升信息传播的有效性和影响力。本书旨在实现以下目标。

1.理解当前社交媒体环境

通过分析当前社交媒体生态及其用户行为特征，理解其对体育健康传播过程和效果的影响，以及在信息传递中的促动因素与阻碍因素。

2. 建构体育健康传播模式

探讨社交媒体语境下体育健康传播模式的建构，包括传播主体、传播内容、传播媒介、传播效果等多个维度，旨在为体育健康传播实践提供理论支持和指导。基于社交媒体的技术特性和用户互动模式，设计和建构与时俱进的体育健康传播模式，旨在有效结合传统传播理论与数字媒体实践。

3. 创新传播策略与机制

开发创新的传播机制，包括内容定制、用户相关性分析和参与度优化策略，以增强信息的可信度和吸引力，鼓励用户的主动参与和健康行为改变。

4. 评估传播效果和社会影响

采用可靠的方法论，科学评估社交媒体中体育健康传播策略的效果，包括其在增强公众健康意识、促进健康行为及建构积极社群方面的社会影响。

5. 提出政策和实践指南

提出基于研究发现的政策和实践指南，面向政府部门、健康推广机构、社交媒体平台及利益相关者，以促成更加健康的公共信息环境，推动全民健身运动的开展和健康中国的建设。

本书力图为体育健康传播领域带来新的观点和方法，同时对社会大众在健康维护方面的行为模式进行正面的引导和激励，为提升体育健康传播效果、促进体育健康传播事业发展提供理论支持和实践指导。

三、研究创新点

1. 学术思想创新

创新性提出体育健康传播的学术思想，弥补体育在健康传播中缺位的不足，剖析体育健康传播现有模式、机制存在的问题，建构基于社交媒体的全新理论模式，实现传播机制创新。

2. 学术观点创新

将媒介使用作为一个独立的影响维度，探讨社交媒体对公众锻炼行为的影响，突破传统在个体心理认知和社会环境层面对大众锻炼行为的探讨，提出社交媒体体育健康传播全新理论模式，得出体育健康传播的多维影响因素。

3. 研究方法创新

突破现有成果以思辨研究、内容分析为主的方法瓶颈，创新性运用扎根理论、社会网络分析法、建立理论模型等研究方法，与当前社交媒体特点相契合，进而得出更加科学合理的结论。

第二节 研究对象与方法

一、研究对象

本书旨在探索社交媒体环境下体育健康传播的新模式，以社交媒体用户及其与体育健康信息内容和传播机制互动为研究对象，重点分析社交媒体平台中的体育健康信息传播策略、用户接收及互动行为模式和信息传播效果的影响因素。通过对用户在不同社交媒体平台上的体育健康信息的创建、分享、评论等行为进行细致的流程分析，揭示信息的传播路径，评估互动对用户态度和行为产生的实际效果。研究社交媒体对体育健康传播实践的影响，本书着眼于社交媒体传播机制的内在工作原理，并结合用户行为数据，采用内容分析、社交网络分析及相关的量化研究方法，以揭示信息流动、用户动态和传播效应之间的相互作用，进而为优化传播内容、提高用户参与度和增强信息影响力提供科学的策略和解决方案。通过对社交媒体中体育健康信息的传播流程、用户互动和参与反馈以及传播效果的评估的研究，分析社交媒体对体育健康传播影响的特点与规律。

二、研究方法

1. 文献资料法

搜集近20年核心期刊论文、博硕士论文及学术专著，同时运用知识图谱可视化分析方法，对相关成果进行学术史梳理和研究动态整理，以准确定义"社交媒体""体育健康传播""传播机制"等核心概念，确定研究领域、研究问题边界、理论基础、研究方法及研究框架。整理有关"传播模式""传播效果指标体系"的文献资料，为后续研究提供理论支撑。查找适于社交媒体网络结构分析的理论模型，以及用户调查指标，为问卷调查法有效实施提供支持。

2. 问卷调查法、社会网络分析法

以新媒体体育传播模式为理论参考，尝试性建构社交媒体体育健康传播的全新模式，主要以健康传播生态模式为理论支撑，考虑微博、微信分别作为强关系媒介和弱关系媒介的特点，从传播主体、传播内容、传播媒介、传播效果和传播场景等要素考量，以及传者受者身份的融合带来网络结构的改变，将社交关系要素和情感要素作为主要指标，进行整体性设计与思考。体育健康模式的建构是进行体育传播机制创新研究的逻辑基础。

3. 逻辑归纳法

以建构的体育健康传播模式为理论依据，从社会、媒介、运动和健康四维度归纳梳理社交媒体体育健康传播机制创新，比较微博、微信和运动健康社区传播机制的差异性与关联性，找出各自的显著特点及创新机制。并基于人际的社会关系角度，探求用户在运动与健身媒介使用过程中，如何建构心理、价值、身份和文化的多重认同。

三、研究思路

（一）研究重点

1. 社交媒体对体育健康传播的影响

分析社交媒体平台如何改变体育健康信息的传播方式、速度、范围和效果。

2. 受众分析

研究社交媒体上不同用户群体对体育健康信息的接收方式、偏好和参与机制。

3. 内容创造与策略

探索在社交媒体上多样化内容（如视频、博文、图像等）的设计原则，以及传播体育健康信息的有效策略。

4. 互动性与用户参与

分析互动性如何提升用户参与度，以及用户参与对促进健康行为变化的潜力。

5. 传播模式和机制创新

在社交媒体的特定环境下建构新的体育健康传播模型，并提出创新的机制来有效推广体育健康信息。

（二）研究难点

1. 数据的复杂性和多维性

社交媒体上的数据庞杂且多源，如何准确地收集、分析和解释数据构成了一个挑战。

2. 用户隐私保护

在研究社交媒体用户行为时，需要遵守严格的隐私保护法规，这限制了研究的深度和广度。

3. 多元文化和地区差异

全国社交媒体用户的多样性要求研究者必须考虑文化和地域对体育健康传播的影响。

4. 不断变化的社交媒体景观

社交媒体平台及其算法不断更新，这要求研究者及时更新他们的研究方法和策略。

5. 信息的正确性与真实性

社交媒体上的错误信息和虚假新闻的泛滥对于保证体育健康信息的准确传播构成了挑战。

（三）研究基本思路（图 1-1）

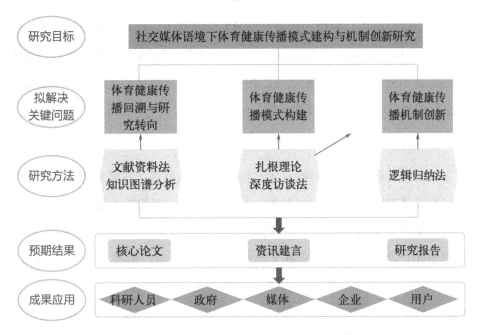

图 1-1 体育健康传播新视界——基于社交媒体语境的研究思路图

第三节 相关研究

一、健康传播研究

健康传播作为跨学科领域涵盖了传播学、公共健康、社会心理学等众多领域，其重要性在于能够有效地传递健康信息，促进健康行为改变，并归纳用户意见反馈给政策制定者（米光明，1992）。随着技术的进步和信息时代的到来，社交媒体成为健康传播的一个重要渠道（肖琳等，2016）。值得注意的是，国家策略文件《"健康中国2030"规划纲要》（中共中央国务院，2016）和《"十四五"国民健康规划》（中共中央国务院，2022）强调了不仅仅是疾病预防，全民健康也成了政府工作的重心之一。

在全球范围内，健康问题成为普遍关注的焦点，体育健康传播被认为是提升公共健康水平的主要驱动力之一（方汪凡等，2020）。中外学者针对健康传播有着不同的研究方向和重点，在互联网及社交媒体的应用上，存在着多种多样的健康教育和推广模式研究。

1. 国外健康传播研究

健康传播研究在国际领域，特别是在美国和欧洲，有着悠久的历史和深厚的理论基础。自20世纪初开始，尤其是1971年斯坦福心脏病预防计划的实施，使得健康传播成为一个独立和跨学科的领域（Rogers，1994）。在健康传播和社交媒体应用上装备了更多的科学测量手段和技术手段（Cassell，1998），注重实证研究及其对策略指导的意义。在过去几十年的发展中，国外研究者主要聚焦于通过医患沟通优化、健康信息的普及和行为改变理论的发展，以期促进公众的健康水平。尽管传统媒体在健康信息传播上发挥了作用,但其缺乏互动性导致了在健康干预方面的局限(Abroms,et al,2008)。为了提高互动性和个性化,社交媒体的运用日益增多,并被证实能有效解决以往基于大众媒体进行健康促进所带来的社会支持不足问题(Thackeray,et al,2008),这种支持对健康促进具有至关重要的作用(Wendel-Vos,et al,2007)。

对效果和影响的研究表明,运动社交媒体的使用在体育健康促进方面具有巨大潜力。例如,Klenk(2017)和Litman(2015)的研究表明,运动健身应用APP不仅有助于个人实现锻炼目标并提升运动乐趣,而且有效提升了参与者的运动自我效能感,产生了积极的健康成效。国外更多地采用跨学科方法研究健康传播,如结合心理学、社会学等来深入理解健康信息的传播和接收过程。

2. 国内健康传播研究

相比之下,我国健康传播学科的发展较晚,可以追溯至1987年张自力提出将传播学理念引入健康教育中,此举为健康传播研究的发展奠定了基础(张自力,2009)。随后的几年中,这一领域逐渐发展成为两个分支:传播学中的健康传播和医疗健康中的传播学(张自力,2003),前者侧重于传播学的应用,而后者聚焦于健康领域的信息传递。

在21世纪初,国内学者开始重视健康传播研究,不过最初的研究多以健康教育为主导,偏重对公众的宣教,忽视了传播学元素(涂光晋、张嫒嫒,2012;陈虹、梁俊民,2013)。21世纪以来,传播学者逐渐成为这个领域的研究主力(韩纲,2004),主要集中于如何利用社交媒体促进健康信息的扩散和互动性对健康行为变更的促进作用(肖琳等,2016)。微信公众号作为传递健康知识的平台受到广泛关注(匡文波等,2019),研究展示了基于平台的传播效果和用户参与度。国务院的政策文件提供了体育健康传播的指导思想和行动框架(中共中央国务院,2014),政策文件精神对引导公众健康行为和推动体育产业产生实际效应（方汪凡等，2020）。但与国外健康传播研究注重理论建构和对新媒介技术应用的充足关注不同，国内研究往往在议题上存在局限性，论题较为狭窄（喻国明、路建楠，2011），显示出较强的本土化和应用导向特征，而在理论创新和技术应用方面则显得相对不足。关于健康传播理论的本土化研究尚处于起步阶段，部分文献探讨了传播理论在我国健康传播环境中的应用和局限性，探讨理论模型在青少年运动健康传播中的应用并对传播效果进行评估（张业安，2018）。

综上所述，对比国内外的健康传播研究，可以看到两者在发展历程、理论框架以及应用研究方面存在明显差异。国外尤其是美国对健康传播的研究具有深远的影响力，其研究范式和成果对全球健康传播领域都有重要的启示作用。国外研究更强调以互动性为核心的传播方式，以及将传播学理论细致地应用于健康领域。反观国内，虽然起步较晚，但在短时间内也形成了一系列具有影响的研究成果，尤其在强调实践应用方面表现突出。未来健康传播的研究应在理论和方法上汲取国外的先进经验，加强跨学科研究，推动理论的创新与本土化，以及新媒介技术的更广泛应用。同时，国内外研究者可以在全球健康问题上更加紧密合作，共同探索适应不断变化的全球健康传播需求的新策略、新技术和新模式。国内外的健康传播研究都关注了社交媒体在健康行为介入中的作用，同时在政策引导和科技应用方面有所侧重。国外在方法论上更加成熟，重实证研究，而国内研究多聚焦于政策导向和理论应用。两者互补，均为健康传播领域带来了重要贡献。

目前不足在于缺乏对受众心理、文化差异的深入理解和长期效果评估，未来应更多关注本土化策略设计和国际化视野下的交流合作。

二、体育健康传播研究

随着健康意识的提升，体育健康传播在推动公众健康行动中扮演了重要的角色。近年来,国内外学者对体育健康传播进行了大量研究,从不同学科角度拓展了理论边界,并在实践中发挥了重大作用。分析国内外在体育健康传播领域的主要研究动向和成果,探讨其理论模型、传播策略及效果评估,进而为未来的研究提供建议。

在全球范围内,健康问题成为普遍关注的焦点,体育健康传播被认为是提升公共健康水平的主要驱动力之一(方汪凡等,2020)。中外学者针对健康传播有着不同的研究方向和重点,在互联网及社交媒体的应用上,存在着多种多样的健康教育和推广模式研究。系统梳理和分析当前国内外关于健康传播的研究文献,揭示研究进展趋势和发展空间。范围将聚焦于社交媒体在体育健康传播中的应用,体育健康传播的策略和效果,以及相关政策文献的分析与评论。

1. 国内体育健康传播研究综述

图1-2是CNKI-CDD数据库论文摘要关键词词频统计图,"全民健身"是国内运动健康传播研究最为关注的健康议题。同时,文化建构是国内学界较为重视的议题,诸如"体育文化传播""体育史"等关键词显示出通过体育文化的建构促进运动健康的愿景。此外,"民族传统体育""公共体育服务"等关键词则代表着我国体育健康传播的实践路径。与研究方法相关的词汇中,"现状调查""文献资料法"是出现频率最高的关键词。与理论范式相关的词汇则包括"创新扩散""自我效能"等。

2. 国外体育健康传播研究综述

国外在健康传播和社交媒体应用中使用了更多的科学测量手段和技术手段(Cassell等,1998),注重实证研究及其对策略指导的意义,更多地采用跨学科方法研究健康传播,如结合心理学、社会学等来深入理解健康信息的传播和接收过程。

图1-2　CNKI-CDD 数据库论文摘要关键词词频统计图

在体育健康传播的策略与效果研究中表明，国外研究偏重量化分析和长期跟踪，关注传播策略的具体效果（Cassell 等，1998），研究跨文化传播中的策略调整问题，探索更为普适的健康传播模式。

在社交媒体在体育健康传播中的角色研究中，社交媒体被视为加强公众互动性和参与度的强有力工具，研究其对健康行为的正面影响。Duggan（2006）论述了社交媒体平台特性对传播效果的影响，并提出了相应的传播策略。

在体育健康传播与公共政策研究方面，探索体育健康传播在实现公共健康政策目标中的作用,论证健康传播在提升公共健康水平中的重要性(Mueller 等,2016)。

综合国内外文献可见,体育健康传播作为提升公共健康意识和行为的工具,越来越多地在研究和实践中得到应用。社交媒体的兴起为健康传播提供了新的途径和挑战,而科技进步使得传播效果可量化和长期监测变得可能。通过综述分析,建议未来研究应更多关注传播效果的长期性和深入心理的分析,以及在不同文化背景下的策略调整问题。

三、社交媒体传播研究

随着社交媒体的蓬勃发展,它已成为信息传播的重要渠道。社交媒体传播研究是梳理国内外关于社交媒体在传播领域影响的学术研究,对比不同文化和政策环境下社交媒体传播的特征和挑战。

信息传播与舆论形成。国内研究方面,如张鑫的微博(2024),其广场式舆论空间为信息快速传播和舆论形成提供了平台,以强关系带来舆论热点强传播。国际研究则更侧重于社交媒体在全球新闻传播中的作用,Vosoughi(2018)的研究表明,在 Twitter 平台上,虚假信息比真实信息传播得更快、更广,这也引发了关于社交媒体信息真实性和可信度的讨论。

在营销领域,国内外研究都集中在社交媒体如何改变消费者行为和市场营销策略上。国内方面,李梅(2019)展示了品牌如何利用社交媒体进行用户互动和产品传播。而国际研究,Smith(2016)则讨论了社交媒体传播策略在跨文化营销中的应用,强调了解不同文化背景下的消费者需求和行为习惯对于制定有效的社交媒体营销策略至关重要。

在政治传播领域,社交媒体的研究成为一个热点话题。王斯敏(2020)分析了社交媒体对我国政治参与的影响,特别是围绕政策讨论的网络空间。

社交媒体为公民提供了一个表达意见和参与政策讨论的平台，从而提高了政治参与度。相比之下，国外研究更为关注社交媒体在选举宣传中的作用。Woolley、Howard（2017）的研究指出，社交机器人和算法被用于影响公众舆论和选举结果，这引发了关于社交媒体在政治传播中的道德和伦理问题的讨论。社交媒体传播的社会影响也被广泛研究，张静静（2019）在《新媒体环境下青少年网络行为研究》中，探讨了社交媒体对青少年心理健康的影响，发现过度使用社交媒体可能导致青少年出现焦虑、抑郁等心理问题。国际研究中，Ohme（2019）则研究了社交媒体使用和社交孤立感之间的关联，发现过度依赖社交媒体可能导致人们在现实生活中的人际交往减少，从而产生孤独感。

综合国内外文献可见探讨社交媒体在体育健康传播中的应用、公共政策背景，以及相关传播模式的有效性。代表性研究如米光明（1992）、朱锡莹（1993）、张自力（2003）等在健康传播的早期提出了基本的概念和框架。随着技术和社会的发展，更现代化的观点如宫贺（2019）、杨春霞（2015）以及张业安（2018）的研究开始聚焦于社交媒体在传播中的作用，为本书综述提供了宝贵的视角。

综上所述，国内外研究对社交媒体环境下健康传播活动的系统分析不足，忽视了社交媒体特有规律对健康传播模式的影响。缺乏跨学科视角，未能充分融合传播学、心理学、社会学等领域知识，以深化健康信息传播的策略与方法研究。对于传播策略的长期效果和持续性关注不够，对青少年和老年等特殊群体的健康传播需求考虑不足。特别是缺乏对社交媒体在体育健康传播模式中作用的系统分析和评价。同时，我们也看到社交媒体在传播学领域中的多面性和复杂性。在未来，相关研究应更多考虑文化差异、技术革新以及社交媒体监管政策对传播实践的影响。此外，随着社交媒体技术的发展，我们应持续关注其在个人生活、社会互动以及国家政治中的作用和影响，以便更好地理解和应对社交媒体带来的挑战和机遇。

四、社交媒体体育健康传播研究

随着信息时代的发展，社交媒体成为人们获取和传递信息的重要平台。社交媒体的崛起已经深刻改变了健康信息的传播途径。这一变化同样影响了健康传播领域，特别是在体育健康领域，现代人逐渐依赖社交媒体来获取与健康相关的信息和建议。传统媒体虽然依旧占据一席之地，但随着新媒体的兴起，其在健康传播实践中的独特优势开始显现。尤其是在体育健康传播中，社交媒体以其互动性、即时性和广泛性，正在形成一种新的传播模式。在公共健康的先进指导框架下（《"健康中国2030"规划纲要》《"十四五"国民健康规划》《国务院关于加快发展体育产业促进体育消费的若干意见》），研究社交媒体对于体育健康传播的影响变得至关重要。然而，受限于研究视角和范围，当前对新媒介在健康传播中的应用研究还不够深入，亟需全面系统的理论建构和实证分析。

媒介作为重要信息渠道，社交媒体在健康传播中的价值主要体现在即时性、互动性和个性化内容的传播上。它能够促使信息在用户间迅速扩散，特别是在健康传播实践中具有举足轻重的地位，在健康危机和公共卫生事件中显示出了独特的优势。传统媒体依然扮演重要角色，然而，新媒体在健康传播中的缺位问题也不容忽视。新媒体在健康传播中的基础作用在中国健康实践中的价值没有凸显（胡百精，2012；郑满宁，2014）。健康传播内容唯有嵌入社交媒体重构的生活路线图，才有可能被充分认知、有效理解和适度接纳（胡百精，2012）。

尽管有部分研究涉及新媒介，健康传播内容需要融入社交媒体重构的生活路线图,以提高认知度和接受度。但技术议题的关注与新媒体相关的具体实证研究不充分,研究数量与当前信息技术发展的现状差距较大,技术议题的关注不够,如对微信的实证研究几乎为零(孙少晶、陈怡蓓,2018)。健康传播研究一直偏向于个体研究,社会网络理论强调人际传播和社会网络的作用,为健康传播研究提供了新视角(喻国明、潘佳宝,2017)。此外,国内关于健康传播效果的研究,更多围绕大众传播媒介展开(金恒江、聂静虹、张国良,2017)。迄今基于新媒体健康传播效果分析的论文不到10篇,且以政策性、策略性研究为主,较少有针对健康传播效果评价指标体系、影响因素的量化研究(匡文波、武晓立,2019)。

体育健康传播即"以现代大众传媒为工具,以体育与健康信息为核心内容,以提升运动参与水平及科学性为目标,进而促进人们身心健康的一系列传播活动"(张业安,2018)。体育在健康传播研究中仍处于较为"缺席"的尴尬境况,因此体育健康传播是值得研究的学术处女地(王兴一,2019)。在体育健康传播领域的研究成果较为少见,近几年关于疫情下的体育健康媒体传播(黄芦雷娅、毕雪梅等,2020)、体育健康传播公共领域的建构(王真真、王相飞、张大超,2021)受到关注。实证研究概述了社交媒体在体育健康传播中所扮演的角色,包括跑步社群内部的话语空间及关系结构(李彪、郑满宁、钱瑾,2020)、运动健身类APP用户的使用动机与行为研究(王茜,2018)。同时,对青少年体质健康促进的媒介责任以及青少年运动健康传播模式提出了新视角(张业安,2018)。这些研究不仅为社交媒体体育健康传播的研究道路提供了理论和实证支撑,也挑战了传统媒体在体育健康传播中的主导地位。

综上,学者们对健康传播相关问题进行了研究,提出一些新的学术观点,但这些研究多从传统大众媒介视域,围绕健康传播特征、技术路径、面临问题、发展策略等议题展开,一方面缺乏本土化理论和基于新媒体的体育健康传播模式建构研究;另一方面对新技术关注不足,新媒体在体育健康传播中缺位，体育在健康传播研究中缺位现象亟待改观。基于现有的文献和实证研究，未来的社交媒体体育健康传播研究应更加关注以下几个方面：第一是系统建构健康传播效果的评价指标体系，以及明确新媒体环境下的健康传播影响因素；第二是通过跨学科研究，整合社会网络理论、传播理论与健康心理学，深入了解社交媒体特有的传播机制和用户行为；第三是利用大数据和人工智能技术，挖掘和分析社交媒体上的健康传播内容，提高健康信息的针对性和有效性。社交媒体在体育健康传播领域扮演着越来越重要的角色，并呈现出独特的传播优势。但仍须加大研究力度和深度，挖掘其潜力，以利于更好地促进公众的健康意识和行为改变。

本书的核心概念是"社交媒体体育健康传播"。社交媒体体育健康传播指的是利用社交媒体平台作为媒介，旨在广泛传播体育运动的理念、实践方法以及健康生活方式的相关知识，通过促进信息的交流、分享与互动，来增强公众对体育活动的兴趣与参与度，同时提升民众的健康意识与自我保健能力，进而在全社会范围内营造积极向上的体育文化氛围，促进个体及整体社会健康水平的提升，最终实现对民众生活质量的积极改善与提升的传播活动。

第二章

社交媒体与体育健康传播发展

第一节 社交媒体的定义与发展历程

一、社交媒体概念

社交媒体在过去十年迅速发展并渗透至个人生活和社会结构的各个层面中,其中对社交媒体的定义涉及多学科领域的研究。本书旨在梳理现有文献中关于社交媒体的概念界定,结合各学术观点,对社交媒体的定义和特性进行凝练。

Ellison 与 Boyd(2007)在其论文 "Social Network Sites: Definition, History, and Scholarship" 中提出了早期对社交网站的定义,强调了在线身份呈现和社交网络内交流的特点。Kaplan 与 Haenlein(2010)在 "Users of the world, unite! The challenges and opportunities of Social Media" 一文中进一步拓宽了这一定义,将社交媒体视为允许用户间进行互动交流的互联网基础设施和服务。Boyd 和 Ellison(2008)强调了社交媒体在促进社会关系维护中的角色。而 Kietzmann 等(2011)在 "Social media? Get serious! Understanding the functional building blocks of social media"中，将社交媒体分解为七个功能性构件：身份、会话、分享、存在、关系、声誉和群组，为后来对社交媒体特性的分析提供了一个多维度理解框架。Zhao 等（2016）在"*A call for papers for a new topical collection on social media in education*"中指出，社交媒体已经从简单的社交网络服务扩展到教育领域的应用，这表明了社交媒体功能的多样性和适用范围的扩大。随后，Obar 与 Wildman（2015）在"*Social media definition and the governance challenge - An introduction to the special issue*"中讨论了社交媒体定义的复杂性，即如何将这一概念适用于新兴的媒体形式。随着社交媒体对社会各方面产生影响，文献也涉及了隐私、信息过载和用户行为方面的问题（Gil de Zúñiga 等，2017；McFarland 和 Ployhart，2015）。特别是在"*Social media platforms as complex systems: A new theoretical framework*"中，Bertot 等（2018）强调了社交媒体作为复杂系统在数据治理和用户行为预测方面的挑战。

社交媒体被多位学者定义为以用户为中心，利用网络技术建构社交网络和交流平台的媒体形态。Kaplan 和 Haenlein（2010）将社交媒体定义为"一组基于互联网的应用程序，建立在意识形态和技术基础之上，并允许创建和交换用户生成的内容"。Boyd 和 Ellison（2007）将社交媒体定义为"允许用户建立公共或半公共的个人资料的网络站点，可以与其他用户共享链接，并在列表中明确自己的社交网络"。这些定义强调了用户参与、内容分享以及建立和维护社交网络的特点，表明社交媒体的核心在于促进信息交流和社交互动。

在 Kaplan 和 Haenlein 的定义中，强调了技术基础和用户生产内容的重要性，捕捉到了社交媒体活跃和动态的本质。然而，这一定义既缺少对于信息传播影响力和社交影响的视角，也未充分注重社交媒体在特定情境下的作用差异，如在不同文化或行业中社交媒体的作用可能存在差异。Boyd 和 Ellison 的定义关注于个人资料和社交网络列表的建构，对于理解社交媒体作为连接个体之间社交纽带的角色具有价值。不过，该定义偏向于社交网络的创建和维护，并没有涵盖社交媒体作为信息传播和健康促进工具的功能。

通过对现有文献的综述，可以得出结论，社交媒体是一种允许个体和群体创建、分享、交流和参与内容创建的复杂在线环境。我们不但需要持续关注社交媒体平台的技术和功能变革，还需考虑它们如何影响社会动态和个人生活。未来研究应进一步探讨社交媒体定义的不断发展，以及其对社会结构和行为模式的影响。

在"社交媒体语境下体育健康传播模式建构与机制创新研究"中，社交媒体被定义为一个促进个体、社群与组织之间互动的网络化平台，不仅满足用户表达、信息分享和社群交流的基本需求，同时激励并加强了用户间的健康相关互动和行为变化。此定义进一步强调了社交媒体在体育健康传播中的应用特性和作用，诸如普及健康知识、促进健康行为习惯的形成，以及为体育健康传播提供一个增强用户归属感和社区连接感的环境。

总结来说，本书中的社交媒体概念关注信息技术在体育健康传播中的应用，以及社交媒体如何创新体育健康传播策略并促进健康生活方式的传播，同时探索潜在的用户行为改变机制。

二、社交媒体发展历程

社交媒体作为一种新型的信息交流和网络社交工具，从21世纪初迅速融入人们的日常生活，其发展历程在全球范围内具有一定的共性，同时也呈现出国内外不同的特点和趋势。

1. 国外社交媒体的发展历程

社交媒体的发展起源于国外。20世纪90年代末，互联网的商业化和普及为社交媒体的初步发展提供了技术平台。2002年，Friendster作为一种新型的社交网络平台问世，并迅速赢得了用户。之后，Myspace 和 Facebook 相继出现，并引领了社交网络的新趋势。2004 年 Facebook 的推出，开创了以真实身份建立社交联系的理念，成为社交媒体的一个重要转折点。随后，Twitter 在 2006 年推出，引入了"微博"的概念，再次改变了人们收发消息的方式。

随着智能手机和移动互联网的兴起，Instagram、Snapchat 和 Pinterest 等以图片和视频分享为核心的社交媒体应运而生。这些平台专注于视觉内容的分享，强化了社交媒体在娱乐、个性表达及品牌营销方面的功能。至今，社交媒体已经成为全球信息传播的重要渠道，影响着公共议程、个体行为乃至国家政治。

2. 国内社交媒体的发展历程

我国社交媒体的发展较国外稍晚。2005 年随着博客、BBS 的流行，国内开始出现早期的社交媒体形式，像是天涯、猫扑等。2009 年随着腾讯 QQ 空间、新浪微博的问世，社交媒体开始在我国大众之间流行起来。特别是新浪微博的推出，为国人提供了一个全新的信息交流和社会互动平台，开启我国社交媒体的新纪元。

2010 年之后，微信的推出标志着我国社交媒体进入一个全新的发展阶段。微信不仅促进了个人社交的便利性，还逐渐发展成为一个集即时通信、内容分享、在线支付于一体的多功能平台，深刻地改变了国人的社交方式。最近几年，随着短视频内容的兴起，抖音、快手等平台迅速成长为新的社交媒体力量，以短视频为主要内容形态，极大地促进了内容创作和信息传播的多元化。

3. 国内外社交媒体发展的共性与差异

无论在国内还是国外，社交媒体都经历了从文字到图片再到视频的演变过程，且都呈现出从单一功能到多平台综合功能的发展趋势。在全球化背景下，国际大型社交媒体平台如 Facebook 和 Twitter 在全球范围内具有广泛影响,而我国社交媒体则因为特定的网络环境和用户习惯,发展出了独特的模式,如微信集成了社交与支付功能,改变了电子商务的发展路径(图 2-1)。

平台	国家/地区	类型	用户数(MAU/DAU)	目标用户人群	主要功能	公司/运营方
Facebook	美国	社交网络	27 亿(MAU)	一般大众	社交、分享、娱乐	Meta
Instagram	美国	图片分享社交平台	10 亿(MAU)	年轻用户、品牌营销	照片和视频分享	Meta
Twitter	美国	微博社交平台	2.37 亿(DAU)	一般大众	信息发布、分享、社交	Twitter Inc
LinkedIn	美国	职业社交网络	7.60 亿(注册用户)	商务人士	职业网络建设、求职招聘	LinkedIn Corp
Snapchat	美国	社交媒体	3.36 亿(DAU)	年轻用户	即时消息、分享、娱乐	Snap Inc
Pinterest	美国	社交网络	4.32 亿(MAU)	品牌营销	图片收藏、共享、灵感发现	Pinterest, Inc
微信(WeChat)	中国	社交网络/即时通信	12 亿(MAU)	一般大众、商业交流	社交、支付、服务号	腾讯公司
微博(Weibo)	中国	微博社交平台	5.41 亿(MAU)	一般大众、名人	社交、信息分享	新浪微博
抖音(Douyin)	中国	短视频平台	6 亿(DAU)	年轻用户、内容创造者	视频分享、娱乐、直播、社交	字节跳动
快手(Kuaishou)	中国	短视频平台	3.2 亿(DAU)	年轻用户、内容创造者	视频分享、直播、社交	快手科技

图 2-1 国内外社交媒体平台发展现状一览

从用户数、目标用户人群、主要功能、公司/运营方等几方面,分析国内外社交媒体平台发展现状。从上述数据来分析用户数,用户数能够体现平台的广泛影响力和潜在的传播覆盖范围。在体育健康传播领域,选择用户基数大的平台是至关重要的，能够保证信息最大程度传播。从目标用户人群分析，不同平台吸引的目标群体不同，如 LinkedIn 的商业专业人士和 Instagram 的年轻用户。了解这一点有助于提高体育健康传播策略的针对性和有效性。社交媒体的主要功能与分析平台的核心功能不同，比如 Snapchat 和快手强调娱乐性和即时性，而 LinkedIn 更注重商业和专业交流。体育健康传播可以利用这些特点创新传播方式。从公司/运营方分析，不同公司的运营策略和平台架构对体育健康传播策略的实施也有重要影响。了解公司或运营方的相关数据和市场战略，有助于预判传播活动的成功率和影响力。

总体来说，社交媒体在体育健康传播模式建构中扮演着越来越关键的角色。它不仅为健康教育和信息传播提供了新途径，同时也促成了跨界合作和内容创新，提升了健康传播的影响力和效率。通过对不同平台的特性和用户数据的深入分析，可以更好地建构和优化理论模型，发掘出更加有效的传播机制和创新策略。

社交媒体的发展史是用户驱动和技术革新共同作用的结果。全球每个区域都有其独特的社交媒体发展路径，而随着时代的发展，这些路径在不断发散并交汇，形成了丰富多彩的社交媒体生态系统。

第二节　体育健康传播回溯与研究转向

一、体育健康传播概念

体育健康传播是一个多维度的概念，涉及体育学、健康学、传播学等多个学科。以下是对体育健康传播的概念界定，包括学界的定义、评析及本研究的概念界定。

Tom Riley 等在《健康沟通：理论、实践与技巧》中将体育健康传播定义为采用教育和信息技术手段，通过各种媒体和个人互动，去影响人们在体育和健康问题上的知识、态度和行为的过程。Larson Williams 认为体育健康传播是通过媒体渠道来传递有关健康生活方式、疾病预防、健康政策等的信息，目的是提高公众的健康水平。这些定义关注了通过信息和观念传递来影响公众态度和行为的层面，并将传播视为推动认知变化和行为改变的手段。

张强指出将体育健康传播看作是利用不同的传媒形式，特别是数字媒体和互联网技术，来进行针对体育运动和健康相关信息的传播活动。它不仅仅是信息的传递过程，更是互动和讨论的平台，有助于建立健康的生活方式和提高国民健康水平。刘红兵认为体育健康传播是促进全民健康和体育普及的重要策略，不仅包括健康知识的普及和健身运动的推广，也包含对健康生活方式的倡导和健康文化的塑造。这些国内学者的观点强调了体育健康传播在促进健康意识和改变健康行为方面的社会功能，以及数字媒体技术在其中所起的至关重要的作用。

体育健康传播学界将体育健康与传播技术联系起来，强调了通过媒体传播健康信息的重要性，强调了传播的目标，即知识增加、态度转变和行为改变，指明了传播的终极目标是提升公共健康水平；强调了体育健康传播的互动性和参与性，特别是在数字化和网络化背景下的重要性；突出了健康文化建设和生活方式塑造在体育健康传播中的核心地位。

但对"体育"中所包含的内容范围和传播的特定媒介类型似乎并未给出明确的细分和描述，也尚未充分考虑社交媒体特有的双向互动和用户创造内容的重要特性对体育健康传播的影响。关于社交媒体在体育健康传播中所起的具体作用和潜在价值的详细描述还存在相对不足。

本书对体育健康传播的理解不仅包含了传统定义中的信息传递和行为影响，也将注意力集中于社交媒体的潜在创新应用及其如何被应用于促进更广泛和持续的健康益处中。本书中的体育健康传播概念被界定在"社交媒体语境下体育健康传播模式建构与机制创新研究"中。体育健康传播界定为利用社交媒体平台的强互动性和高度可定制的特性，传递和分享针对性的体育活动、健康生活方式、营养知识以及疾病预防等相关信息。它涵盖了从专业的健康教育内容到用户生成的运动挑战、互动式健康计划，重点在于利用社交媒体的网络特质来促进公众对于身心健康意义的理解、认同和实践。通过社交媒体等现代信息技术手段，将健康理念、体育资讯、健身方法、营养建议等内容与大众日常生活紧密结合起来。它借助社交媒体的网络效应、个性化推荐以及用户的社会互动，提高人们的健康素养，促进健康生活方式的普及和健康行为的改变。

综上所述，体育健康传播不仅仅是一个内容传递的过程，更是一个通过现代传播技术促进大众积极健康生活方式的理论和实践的综合体。

二、体育健康传播发展

体育健康传播作为一种专门的信息传播活动，在全球范围内经历了若干发展阶段，并与信息技术的进步、社会价值观的变迁以及健康理念的普及紧密相关。

（一）国外体育健康传播的发展历程

1. 初期阶段（20世纪中叶前后）

体育传播初始主要侧重于广播、报纸等传统媒体对体育赛事的报道。健康传播更多地体现在公共卫生宣传中，如抗击脊髓灰质炎、结核病的公益广告等。

初期阶段（20世纪中叶前后）的体育健康传播发展可分为：体育传播和健康传播。

（1）体育传播的发展

在20世纪中叶，体育传播主要通过传统媒体渠道进行。那时，广播和报纸是最主要的信息来源，同时也是普及体育知识和传播体育赛事信息的关键工具。

广播：由于具有即时性和广泛的覆盖范围，成为体育赛事特别是国际赛事（如奥运会）的重要传播方式。它能够将比赛现场的激动人心传递给远在千里之外的听众，使听众感受到赛事的氛围，而且通过解说员的讲解，听众可以更好地理解比赛的规则和欣赏精彩瞬间。

报纸：纸媒在体育传播中扮演了信息记录和分析的角色。报纸上的体育版块提供赛事结果、运动员访谈、专家分析等内容。此外，摄影在报纸上占据着举足轻重的地位，动人的体育照片往往能传递出比文字更直观强烈的感染力。

（2）健康传播的发展

健康传播在这个时期通常由政府或公共卫生机构主导，侧重于通过各种公共卫生宣传活动传递健康信息，以遏制疾病的传播并增强公众的健康意识。

公共健康宣传：针对某些特定疾病（如脊髓灰质炎、结核病等）的预防和控制，政府和非营利组织会发起大规模的公共健康宣传活动。这些活动经常利用海报、宣传册、广播广告、报纸专栏等形式，教育公众识别疾病症状、采取预防措施和及时治疗。

公益广告：在电视尚未普及的年代，广播和报纸上的公益广告扮演了传递健康知识的关键角色。这些简洁易懂的广告帮助提升公众的健康意识，倡导良好的卫生习惯和健康行为。

（3）体育健康传播发展影响

体育健康传播在这一阶段有着重要的社会影响。它不仅促进了体育文化的普及，增强了国民体质，也培养了民众的集体荣誉感和国家认同感。在健康传播方面，有效的公共卫生宣教活动显著降低了某些传染病的发病率，并提高了公众的健康教育水平。此外，这一时期的健康宣传也为后续更加现代化、个性化的健康传播方式奠定了基础。

这一时期虽然传播媒介有限，体育健康传播却已经开始显示其在社会发展和国民健康方面的重要性，奠定了后续媒介革新和信息技术运用在体育健康传播中不断演化和扩展的基础。

2. 发展阶段（20 世纪 70 年代至 90 年代）

发展阶段（20 世纪 70 年代至 90 年代）是体育健康传播史上的关键时期，涌现出多项创新的理念和策略。体育健康教育得到重视，如美国在 1971 年推出的"斯坦福心脏病预防项目"。电视成为体育事件的主要传播工具，促进了奥运会等国际赛事的全球普及。健康传播开始重视行为干预和健康促进策略，利用媒介进行健康教育。

（1）体育传播的发展

电视的广泛应用：随着电视在全球家庭中的普及，电视成为 20 世纪 70 年代以后最重要的体育事件传播媒介。电视直播使观众能实时观看远在千里之外的体育赛事，极大地增强了观众的参与感和沉浸感。

体育节目的专业化：电视台开始制作并播放以体育为主题的各种节目，包括赛前分析、解说、采访及赛后回顾等。通过专业化的节目设置，满足了观众对体育信息的深层需求。

奥运会和国际赛事传播：奥运会、FIFA 世界杯和其他国际性大赛成为电视媒体的重点报道对象。全球直播使得这些赛事成为吸引世界注意力的大型事件，促进了国际文化交流和体育精神的传播。

（2）健康传播的发展

健康教育的重视：20 世纪 70 年代起，政府和医疗机构开始意识到健康教育在预防疾病和促进公众健康中的重要作用。教育类节目和公共服务广告频繁涉及健康信息，提供关于营养、运动和预防性健康护理的知识。

"斯坦福心脏病预防项目"：1971 年美国斯坦福大学推出的这一项目标志着健康传播进入了新的阶段。该项目集中在通过媒介进行健康教育以及个人和社区层面的行为干预，被证明在降低心脏病发病率方面是有效的。

行为干预和健康推广：健康传播开始使用更为系统的策略，不仅仅是提供信息，更重视借助媒介推动健康行为的改变和形成，如戒烟、健康饮食、定期锻炼等。

（3）体育健康传播发展影响

这一时期的体育健康传播为推动公众健康和全球体育文化的普及奠定了坚实的基础。体育赛事通过电视不断扩大其观众基础和市场价值。在健康领域，传播不再局限于单一方向的信息输出，转变为更具互动性的行为变更程序，更关注个人生活方式的调整和社区环境的改善。

在这一过程中，传播媒介的技术进步和社会文化环境的变迁对体育健康传播的发展起到了关键作用。体育健康传播成为影响人们生活的重要社会力量，不仅在于其传递娱乐和教育的内容，更在于其积极建构了公众关于健康和体育的认知和行为模式。

3. 扩展阶段（21世纪初至今）

随着互联网和社交媒体的发展，体育健康传播迎来了扩展阶段。这一阶段的特点是信息传播方式的多样化和受众互动性的提升。新的传播渠道和策略正在塑造公众对健康和体育的认知。随着互联网和社交媒体的兴起，信息传播变得更为即时和互动，出现了大量专注于健康教育的网站以及在线交流论坛。网络技术使得视频直播、博客和播客成为新的体育健康传播渠道。社交媒体平台（如 Facebook、Twitter、Instagram）被用于发布健康信息和组织线上健身挑战。

（1）互联网时代的到来

互联网应用的兴起，为体育健康传播提供了全新的平台。网站和在线服务开始提供健康咨询、营养建议和健身指导。信息技术的进步扩展了传播的即时性和范围。

(2) 社交媒体的集成化传播

社交网络的出现改变了个体与信息的互动方式。社交媒体平台如 Facebook、Twitter、Instagram 等，开始承担起健康教育的角色。平台的社交属性增加了用户对健康信息的接触频率，促进了基于兴趣的社区形成。

(3) 视频直播和多媒体内容的应用

视频直播技术使得体育赛事能够达到前所未有的覆盖面和观众参与度。通过直播健身课程或体育比赛，为用户提供了更加丰富的视觉体验和交互经验。多媒体内容如播客和博客成为知名运动员和健康专家传达思想的平台。

(4) 健康教育和在线交流的发展

网络论坛和问答网站成为用户获取健康资讯和交流经验的重要场所。专业的健康教育网站和在线课程增强了公众的健康意识和自我管理能力。互动性和个性化的健康服务，如基于数据跟踪的健康应用（APP），提供了个性化的健康管理方案。

(5) 社交媒体的参与性和公众动员性

社交媒体的良好传播效果在于其对公众行动的动员能力，如组织线上健身挑战。用户生成的内容（UGC）鼓励公众分享自身的健康和体育故事，增强了信息的可信度。在线社区和挑战活动如跑步、瑜伽和减肥等鼓励了健康行为的改变。

(6) 数字健康和大数据时代的影响

利用可穿戴设备和健康应用的数据，使得健康传播可以更加个性化和精准。大数据分析技术在体育运动表现和健康状况分析中发挥着关键作用。个人和公共卫生水准的提升得到了数据驱动的个性化指导和策略。

(7) 影响与挑战

新媒体为体育健康传播提供了前所未有的便利性，但也带来了准确性和权威性的挑战。信息过载和虚假信息的泛滥成为影响健康传播效果的障碍，需要加强对社交媒体内容的监管和对用户的媒介素养教育。

21世纪初至今，国外体育健康传播经历了前所未有的扩展和创新。它不仅重塑了公众对健康和体育的看法，还改变了人们获取信息、互相交流和参与社区活动的方式。社交媒体成为传播健康信息的重要载体，但同时也面临着挑战和责任。未来的健康传播需要结合新技术和传播策略，以实现更加有效和普惠的健康普及目标。

（二）国内体育健康传播的发展历程

1. 启蒙阶段（20世纪80年代）

1987年，在《中国健康教育》中首次提出将传播理论用于健康教育。体育健康传播的主要载体是电视、电台和报纸。国内体育健康传播在20世纪80年代经历了启蒙阶段，这一时期的我国社会正经历着改革开放带来的深刻变革。

（1）政策背景和社会环境

20世纪80年代，改革开放政策催生了经济和社会的快速发展。这一时期的我国社会开始逐渐开放，国民对于健康和体育的认识逐渐增强，而政府亦开始重视体育健康传播在提升国民健康水平方面的作用。1987年，《中国健康教育》杂志提出将传播理论用于健康教育的观点，这标志着我国在体育健康传播领域的探索正式启动。

（2）主要传播媒介和内容

在20世纪80年代，国内主流的传播媒介依然是电视、电台和报纸。电视作为新兴媒介，其覆盖率迅速增加，逐渐成为最具影响力的信息传播工具。

电视：电视台设有专门的体育频道，转播重大体育赛事，并通过节目介绍体育知识和健康信息。一些与健康相关的电视节目和公益广告开始出现，成为国民了解健康知识的重要渠道。

广播：因其便捷性和覆盖面广，在农村地区尤为流行。它有助于普及基础的医疗卫生知识，以及各种预防性健康措施。

报纸：作为传统媒介，在城乡都拥有较高的渗透率。报纸上的体育版面提供了赛事新闻和分析,而健康专栏则逐渐增加了对传染病、慢性病预防和健康生活方式的报道。

(3) 健康教育的初步发展

20世纪80年代的体育健康传播还停留在基础的健康教育阶段。政府部门和医疗机构开始组织健康讲座、出版健康教育书籍,并在一些医疗机构中成立了健康教育部门。这些举措有助于提高公众的健康知识水平和自我保健能力。

(4) 体育文化的推广

20世纪80年代的体育传播不只关注竞技体育,亦注重推广全民健身。国家提出了"加强体育运动,增强人民体质"的口号,并在全国范围内推动体育活动。体育节目和新闻不仅报道职业体育赛事,也鼓励普通市民参与体育锻炼。

这个时期的体育健康传播,为公众认识和接触体育健康知识提供了途径,但受限于技术和资源,该阶段的影响力和深度都有较大局限。此外,由于这是一个大众媒介传播的时代,信息的单向性和普及性是这个阶段的特点,缺乏互动性和个性化。

20世纪80年代的体育健康传播在相关领域的初步尝试,虽面临技术和理念的双重局限,却为后续的发展打下了基础。这一时期的探索和实践对于全国健康教育的普及,以及体育文化的根植起到了重要作用。随着时代的发展,新的传播技术和理念将不断推动体育健康传播进入新的阶段。

2. 发展阶段(1990年~2000年)

1990年~2000年,我国进入了体育健康传播的发展阶段。这一时期,随着经济的快速增长和人民生活水平的显著提高,公众对健康生活和体育活动的需求日益增长,政府同时开展各种公共健康宣传活动,并通过传统媒体强化健康生活方式的重要性。体育健康传播作为提升全民健康意识和生活质量的重要手段,得到了前所未有的重视和快速发展。

(1) 经济发展与生活水平提升的背景

在这一时期,改革开放政策促进了经济的蓬勃发展。城乡居民的收入水平提高,使得人们不再仅仅满足于基本的衣食住行,而是开始追求更健康、更有质量的生活方式,体育锻炼和健康管理成为人们日益关注的话题。

(2) 政府的引导与宣传活动

政府在这一阶段加大了对体育健康领域的投入和宣传。政府通过制定相关政策和标准,推广科学健身和健康理念,教育公众认识到健康生活方式的重要性。大量公共健康宣传活动在全国展开,旨在提高公众的健康知识和自我健康管理能力。

(3) 传统媒体的作用被强化

1990年~2000年,电视、报纸和广播依然是体育健康传播的主要载体。国内多个电视台设立了专门的体育频道,定期报道体育新闻、转播体育赛事,并制作了一系列关注健康生活的特别节目。报纸和杂志也开辟了体育健康专栏,深入解读相关知识和资讯。广播因其便捷性,在农村地区仍保持一定的影响力,成为传递健康信息的重要渠道。

(4) 健康意识的提升与健康行为的改变

随着健康信息的普及,民众的健康意识开始提升,越来越多的人开始注重饮食健康、定期体检和参与体育锻炼。此外,随着各大城市配套体育设施的完善,运动成为愈来愈多人生活的一部分。全民健身运动和相关活动,如"登山节""马拉松赛"成为推动社会体育发展的重要事件。

(5) 新兴媒介的崛起

进入21世纪,互联网开始在我国普及,网络平台逐渐成为信息获取和交流的新途径。虽然在这一阶段网络的普及率和影响力尚不及传统媒体,但其对体育健康传播的潜力不容小觑。网络论坛、在线咨询服务和健康网站为公众提供了更加便捷的健康资源获取和经验交流的平台。

综上所述,1990年~2000年的我国在体育健康传播方面实现了显著的发展和进步。在这个过程中,政府扮演了引导和推动的角色,传统媒体则是实现健康知识普及和体育文化传播的主力军。同时,互联网的初步普及预示着体育健康传播方式将迎来新的变革和挑战。此外,随着全球化的进程和与世界体育健康传播的接轨,我国的体育健康传播也将面临更多国际化的内容和形式。这一时期的体育健康传播不仅促进了民众体质的增强和健康知识的普及,也为后续数字媒体时代的传播模式奠定了基础。

3. 成熟阶段(2000 年至今)

互联网的普及和社交媒体的兴起成为体育健康传播的重要平台。新浪微博、微信公众平台成为体育健康信息传播的新形式。抖音、快手等短视频平台借助 UGC(用户生成内容)模式,使得体育健康传播更加多元化和个性化。重大体育事件和健康科普内容通过多媒体形式在不同平台广为流传。

20 世纪初,随着我国互联网技术的爆炸式增长和智能移动设备的普及,国内体育健康传播进入了一个新的成熟阶段。这一时期,信息传播的方式从单向传达转向互动参与,从简单媒体到综合多媒体,体育健康传播在我国经历了前所未有的变革。

(1)互联网技术和移动设备的普及

互联网的广泛应用,尤其是宽带网络的推广和移动互联网的发展,极大地影响了传统的传播模式。智能手机和平板电脑的普及,使得公众可以随时随地接触和分享信息。

(2)社交媒体与即时通信工具的兴起

微博和微信庞大的用户基数,使这些平台成为信息传播和社会互动的核心。新浪微博凭借其开放性和及时性成为体育明星、健康专家和普通用户分享信息、交流观点和推广活动的重要场所。微信公众平台的出现,为机构和个人提供了一个全新的内容分发和互动平台。这些工具不仅提高了信息传播的效率,还促进了用户之间的交流和社群的形成。

(3)短视频平台的崛起

随着短视频内容消费的普及,平台如抖音和快手等吸引了大量年轻用户,并成为推广体育健康信息的新舞台。用户生成内容(UGC)模式让每个用户都有机会成为内容创作者,分享自己的运动经验、健康食谱和生活方式。这些内容通常更贴近普通人的生活,使得体育健康传播更具亲和力和影响力。

(4)重大体育事件的信息传播

随着技术的发展,重大体育事件如奥运会、世界杯和全运会等,通过网络直播、高清转播等多种方式,触及了更多的受众群体。此外,与体育健康相关的公益活动和促销营销,在网络上迅速传播,吸引了大量民众的关注和参与。

(5)健康科普与多媒体内容

随着民众健康意识的提升,健康教育和科普也越来越受到重视。各类健康科普漫画、动画、视频和互动游戏在网络上广为流传,这些有趣且易于理解的内容成为普及健康知识的有效手段。

(6)个性化与精确化的健康传播

利用大数据和人工智能技术,健康应用程序(APP)为用户提供了量身定制的健康管理和运动指导。通过跟踪用户的活动数据和健康记录,能够为用户提供个性化的健康建议和运动计划。

(7)面临的挑战和发展趋势

虽然社交媒体和互联网技术为体育健康传播带来了便利性,但也存在信息真实性和准确性的挑战。针对虚假健康信息泛滥的问题,需要加强监管并提高公众的媒介素养。展望未来,5G技术、虚拟现实(VR)和增强现实(AR)等新兴技术的应用,将进一步丰富体育健康传播的形式与内容,增强传播的互动性和沉浸感。

21世纪初至今,我国体育健康传播的发展标志着从传统到现代,从单一媒体到多元平台的转变。互联网和社交媒体的普及使得体育健康传播变得更加即时、互动和多元化。如今的体育健康传播更多地依赖于社交媒体平台，而这些平台的特点——互动性、实时性、可视性以及用户参与性，成了体育健康传播战略中不可忽视的元素。社交媒体使得体育健康传播不再是单向的信息传递，而是多元互动、跨界融合的动态过程。用户生成内容的兴起为个人参与提供了空间，而多媒体和大数据技术的应用在提高传播质量和效果方面展现出巨大的潜力。随着技术进步和社会发展，体育健康传播将继续向着更加成熟和专业的方向发展。

综上所述，体育健康传播的发展呈现出全球化和本地化的特点。从全球角度看，它们经历了从依赖传统媒体向采用数字媒体转型的过程，传播的效率和范围都极大地扩张。在我国，这一过程与国家的经济发展、社会政策、信息技术进步紧密相连，从初步的健康教育宣传，到现在的利用社交媒体进行精准和互动式的健康传播。

第三章

基于社交媒体的体育健康传播模式建构

第一节 体育健康传播模式的演变历程

一、从单向输出到双向互动：体育健康传播模式的变迁

（一）传统媒体时代的体育健康传播特征

1. 单向传播的主导地位与互动的缺位

在早期的体育健康传播生态中，传统媒体以其固有的权威性和广泛影响力，无可争议地占据了单向传播的主导地位。广播、电视以及报纸等媒介，作为那个时代信息传播的核心载体，共同构筑了一个自上而下、高度中心化的信息传播架构。这一架构通过精准设计的传播路径，确保了体育健康信息的快速流通与广泛覆盖，极大地促进了健康知识与体育文化的普及。

然而，从学术视角审视，这种单向传播模式在彰显其效率与广度的同时，也凸显出其内在的局限性与不足。具体而言，单向传播机制剥夺了受众在信息传播过程中的主动性与互动性，使得信息传播成为一场由媒体主导、受众被动接受的单向旅程。在这种模式下，受众往往被置于信息接收的末端。他们的声音、反馈与需求难以得到有效表达与回应，从而削弱了信息传播的整体效果与深度。

从传播学的角度来看，互动性是衡量信息传播效果与受众参与度的重要指标之一。缺乏互动的单向传播模式，不仅限制了受众在信息接收过程中的主动性与创造性，也阻碍了信息在传播过程中的双向流动与深度挖掘。因此，尽管传统媒体在早期体育健康传播中取得了显著成就，但其单向性的本质特征却在一定程度上制约了信息传播的质量与效率。

综上所述，早期体育健康传播中的单向传播模式，在确保了信息迅速传递与广泛覆盖的同时，也暴露了其在互动性与受众参与度方面的明显不足。随着时代的变迁与技术的进步，如何打破这一局限，建构更加开放、互动、高效的体育健康传播体系，已成为当前学术界与实践领域共同关注的焦点。

2.传统媒体在体育健康传播中的特有影响力

传统媒体在体育健康传播领域展现出了各自独特的影响力，这些影响力根植于其固有的传播特征之中。广播以其即时性与普遍性的完美结合，在早期迅速成为体育健康信息的即时传递者，尽管其互动性有限，但其在信息传递的迅速性和广泛覆盖面上无可替代。电视则通过直观视觉的冲击力，将体育赛事的激情与健康知识的精髓以生动的画面呈现给公众，营造出集体观赏的社会盛事氛围，然而，观众的参与感仍局限于屏幕之外。报纸则以其深厚的文字功底，为体育健康信息提供了深度分析与专业解读的平台，成为信息宝库，其权威性和深度虽无可比拟，但周期性和信息滞后性也在一定程度上限制了其时效性。

这些传统媒体共同建构了一个以媒体为核心、受众为终点的传播架构，它们在信息掌控与引导受众认知及行为方面发挥了关键作用。然而，随着时代的发展，特别是信息爆炸和个性化需求日益增长的背景下，传统媒体在体育健康传播中的局限性逐渐显现，尤其是互动性的缺失，不仅削弱了传播的深度与广度，也制约了体育健康文化的深入普及与多元化发展。

早期的体育健康传播模式彰显了传统媒体在信息传播与社会教育领域的巨大价值，但社交媒体的兴起标志着信息传播领域正经历一场由单向传播向双向互动、由单一参与向多元共融的深刻变革。展望未来，体育健康传播模式将更加趋向于开放性、互动性和个性化，以满足日益增长的个性化需求和提升受众的参与体验，推动体育健康文化的持续繁荣与发展。

（二）体育健康传播的媒体依赖性转变

媒介技术演进下的体育健康传播转型：速度、广度与反馈的动态变革。

探讨不同历史阶段中媒介技术发展对体育健康传播模式的影响，涵盖传播速度、范围广度以及受众反馈的演变。我们将分析媒介技术如何塑造信息流动的方式，改变受众的接收与参与模式，进而引发体育健康传播领域的变革。

1. 广播至电视：速度与接触面的首次飞跃

（1）广播时代：速度提升的前奏

随着广播技术在 20 世纪初的出现和普及，体育健康传播迎来了信息更新速度的显著提升。作为电子媒介的先驱，广播使体育比赛和健康信息能够迅速、广泛地传递给不同地域和社会阶层的听众，对社会信息传播格局产生了重大影响。

在广播时代之前，体育赛事的报道主要依赖报纸等印刷媒介，这不仅限制了信息传播的即时性，也限制了传播的范围和速度。广播技术的出现打破了这一局限，实现了真正意义上的即时传播。体育比赛的实况转播为广泛的听众群体提供了沉浸式的体验，无须亲临现场，听众就能感受体育赛事的激动人心。

广播的普及对于提升体育健康信息在社会中的传播效率起到了关键作用。

不受地域限制的广播覆盖使得偏远地区的听众也能接触到此前难以获悉的信息。尤其是在成本相对较低、收听操作简单的优势下，广播成为当时最为高效的信息传播工具之一。广播不仅传递体育比赛的结果，更通过详细的解说和专题讨论提升了信息的质量和深度。此外，广播也因应了健康传播的需求，提供了健康教育节目和公共卫生信息，助力提高了听众的健康意识。

广播技术的普及和应用对社会传播模式和文化建构产生了深远的影响。它不仅改变了个体接收信息的方式，更促进了社会对于体育精神和健康生活方式的认知。在广播时代，体育赛事和健康话题变得更加民主化，不同的社会群体可以平等地参与到信息接收的过程中。广播技术的出现可被视作现代体育健康传播模式演变历程中的重要里程碑。它使得信息传播速度和普及效率实现了质的飞跃，开创了体育健康信息即时传播的新纪元。尽管其单向传播的特性限制了听众的参与度，但广播无疑为后续传播技术的发展奠定了坚实的基础，并形成了对现代社会影响深刻的传播模式。

（2）电视革命：扩大覆盖与立体展现

随着电视的出现和快速普及，体育健康传播领域经历了一场视觉印象和社会覆盖的革命。电视技术不仅拓展了体育赛事和健康信息传播的视觉范围，也极大地扩大了其社会接触面。

电视作为20世纪中叶后的革命性媒介，将视觉元素引入家庭和公共场所。由于电视集图像、声音和动态于一体，它的出现为公众提供了一个前所未有的媒介体验。电视的广泛普及导致了信息接收方式的根本转变，体育赛事不再只是文字报道，而是变成了可视化的画面直接传播给公众。电视的视觉效果增强了体育赛事的吸引力和观众参与感。赛事直播使得观众即使远在家中也能置身于现场的氛围之中，极大地提升了收视体验。同样，在健康传播方面，通过电视呈现的健康教育节目、自然科学纪录片等视听内容，直观且易懂地向公众传达了保健知识和医学信息，比纯文字信息更具冲击力和说服力。

电视将体育健康传播引入了一个大众化的时代。不仅在城市，连乡村地区的普通家庭也安装了电视机。体育节目和健康栏目成为全家人共享的内容，这种全民参与模式无疑推动了体育精神和健康生活方式的普及。与广播不同，电视实时直播具有更为丰富的视觉和声音元素，为观众提供了更为立体的体验。它不仅传输比赛的结果，更重要的是传输现场的紧张、兴奋、沮丧和喜悦。这种实时的传播使得体育粉丝和健康关注者能够即时感受到赛场的激情，了解健康资讯的最新发展。

总结来说，电视技术的引入和普及实现了体育健康传播视觉范围的扩展和社会接触面的拓宽。电视革命不仅改变了传统的体育观看方式，也重塑了健康信息的传播模式，其深远的社会影响至今仍在持续。通过电视，体育和健康的议题变得更加生动鲜明，维系了公众的情感参与，并塑造了一个全新的信息接收与互动时代。

2. 出版到数字化：广度与互动的升级换代

（1）报纸与杂志：深入分析与专业传播

在全媒体时代到来之前，报纸和杂志是体育健康传播的重要渠道。它们不仅提供了体育赛事的详尽报道和专业分析，还在健康科普方面发挥了重要的教育作用。尽管受制于出版的周期性和时效性限制，这些传统印刷媒体在传递深度、权威性和可靠性的信息方面持续发挥着不可替代的作用。

报纸和杂志在体育健康传播领域以深度报道和独家分析著称。体育记者和专栏作家对赛事和运动员进行深入剖析，提供观点和见解，这些往往超越了简单的比赛结果报道。在健康领域，杂志提供的翔实案例、专家访谈以及研究解读为公众健康意识的提高和健康行为的改善提供了有力支持。

作为历史悠久的媒体形式，报纸和杂志依靠其历史积淀和品牌形象，建构起权威性极强的信息传播体系。在体育领域，一些历史悠久的报纸和杂志深受读者信赖，成为读者获取信息的首选来源。而在健康传播方面，专业的医疗卫生杂志、心理健康指南等形式的出版物，提供了翔实可靠的健康知识和建议。尽管报纸和杂志在深度解读和专业传播方面有着不可撼动的地位，但它们也面临着周期性限制带来的挑战。报纸的日报或周报形式和杂志的月刊或季刊形式，与电视、广播相比，时效性有所不足。这种天然的延迟性在数字化媒体发展迅速的今天，让报纸和杂志在实时传播上显得力不从心。

报纸和杂志作为体育健康传播的传统媒体，所承载的深度分析和专业知识传播不应被轻易忽视。然而，随着数字化媒体的日益发达，这些传统媒体不得不面临以更加灵活的形式适应新时代的挑战。转型为数字版面阅读、搭配视频内容解读、提供即时互动功能等举措，是报纸杂志保持竞争力、同时继续在体育健康传播领域保持影响力的重要途径。

（2）互联网时代：信息随需而至的自由度

互联网的出现和发展彻底改变了体育健康信息的传播模式。它的核心优势在于能够满足用户随时随地获取信息的需求，并对信息传播的频率和深度提供更多选择。个性化服务的兴起进一步满足了用户多样化的需求。

随着互联网技术的普及，信息获取不再受时空限制，用户可以实时接触到最新的体育赛事和健康资讯。线上体育直播、博客、媒体网站的出现让信息的更新速度前所未有地加快。与此同时，深度报道和分析也可以通过网络平台实现迅速的全球性传播，允许用户根据自己的兴趣挑选阅读内容。在互联网时代，用户不再是被动接收者，而转变为能够自主选择信息来源和内容的主体。搜索引擎、社交媒体、专题网站的兴起，为用户提供了个性化的信息筛选工具。用户可以根据自己的兴趣，定制希望接收的体育比赛报道、健康咨询或健身指导等内容。互联网的发展促使体育健康传播领域出现了诸如在线健康咨询、虚拟运动社区、移动健身应用等新型服务。这些服务通过收集用户数据，提供个性化的健康方案和运动建议，满足了用户在健康管理方面越来越个性化的需求。网络平台提供了交互式的传播环境，用户可以直接与内容提供者或其他用户互动。在体育直播的评论区、健康论坛的讨论帖中，用户之间的交流和讨论为体育健康传播增添了活力。受众的参与感和社区归属感得到了增强,体育健康话题的社会参与度得到了促进。

互联网时代为体育健康传播带来了前所未有的自由度。用户的选择权大幅增加,信息的获取变得更加即时、广阔且深入。个性化服务的兴起应对了多元化的信息需求,而互动性的强化则提升了用户体验和参与度。未来,随着互联网技术的不断发展,体育健康传播将进一步朝着普及化、个人化和互动化的方向发展。

3.社交媒体革命:参与度与反馈路径的全面革新

(1) 社交网络的崛起:互动自发与群体智慧

近年来,社交网络的快速崛起标志着一个媒体互动性和参与度全面提升的新时代。社交媒体不只是一个信息传播的平台,更是一个使用户参与度和信息迭代速度大幅增加的生态系统。以下将全面论述社交媒体对体育健康传播互动性的影响以及它在传播效应上的新革命。

社交媒体如Facebook、Twitter、Instagram和微博等提供了一个平台,让用户可以轻松分享观点、图片、视频和直播内容。各种互动功能,如点赞、评论和转发,不仅使用户之间的交流更加即时和自由,也极大地增强了群体间的互动自发性。体育粉丝可以实时讨论比赛进展,健康爱好者可以分享个人的健康经验和见解,促进了快速而广泛的信息交流。

在社交媒体中,用户不仅是信息的接受者,同时也成了信息的创造者和传播者。用户生成内容(UGC)的模式赋予了每个人发布信息的权利,这种多向度的信息流动形成了强大的传播效应。当用户参与产生内容或者传播信息时,信息不仅迅疾扩散,同时还在此过程中进行迭代和精化,形成了群体智慧的效果。社交媒体上快速发展的群组、论坛文化,已经成为体育健康传播的重要组成部分。这些平台聚集了具有共同兴趣和需求的人群,形成了具有参与精神的社区。在这些社区中,体育比赛直播的社交观看体验或健康挑战的群体参与项目，深化了用户的社交参与和个人投入。在全球健康危机COVID-19（新型冠状病毒感染）大流行期间，社交媒体发挥了宣传健康信息和引导公众行为的关键作用。它不仅是传播官方健康指南和新闻的渠道，也成为公众分享个人经验、提供相互支持的平台。

社交媒体已经彻底改变了体育健康传播的传统模式，为信息传播提供了前所未有的互动自发性和参与度。它将信息的单向流动，转变为双向乃至多向的交流方式，鼓励用户参与并利用群体智慧实现信息的迅速迭代和优化。今天的社交媒体不仅是信息传播的媒介，也是社交互动和个人表达的阵地，对体育健康传播产生了深远的影响。随着技术的不断进步，未来社交媒体将继续推动体育健康传播朝着更加开放、多元和互动的方向发展。

（2）观众转变为参与者：反馈的立体化与实时性

在社交媒体的影响下，体育健康传播领域的受众不再满足于作为信息接收者的被动角色。随着用户的观念转变，他们开始作为积极的参与者，通过发声、分享和互动来表达自己对于信息的反馈和观点。

这种转变带来了一系列的改变：用户现在可以直接在平台上评论、讨论和批评体育赛事和相关健康信息，这些都构成了一个多维度的反馈路径。在传统媒体时代只有单向的信息传播，社交媒体时代则实现了从受众到内容创作者、从内容消费者到评审者的全方位互动。

用户参与的实时性是社交媒体独有的特性。赛事直播过程中，通过实时评论和分享，观众能够立即反映自己的情绪和看法，无须等待赛后的新闻报道或次日的报纸。同样地，在健康话题讨论中，用户的实时反馈为卫生健康机构和专家提供了即时的公众情绪和关注点。

反馈的实时性也使信息传播模式更为灵活和动态。在社交媒体上，内容创作者能够基于用户反馈迅速调整和改进自己的传播策略，使内容更具吸引力和针对性。

用户从观众转变为参与者，使得传统的体育健康传播模式发生了根本性的变化。用户参与的增强不仅促进了信息的迅速流通和广泛传播，还激发了用户之间的交流和社群的形成。

此外，用户的直接参与和反馈也为体育健康传播的内容和形式带来了新的要求和挑战。内容创作者和传播机构必须更加注意听取用户的声音，考虑如何将数据分析和用户参与加入内容创作和传播策略中。

社交媒体革命导致体育健康传播领域的观众从被动接收者转变为主动参与者。这不仅意味着信息传播路径变得更为立体化，用户的反馈也更加即时。这种参与度的提升极大地影响了信息传播模式，要求创作者和传播者在传播内容和策略上进行全新的思考和调整。社交媒体的未来发展将继续推动体育健康传播模式的进一步革新。

研究发现，随着媒介技术的演进，体育健康传播从单向的、慢速的、有限的广度和交互性，发展至双向的、高速的、广泛的参与性和实时反馈。技术的迭代推动了体育健康传播的根本转型，催生了新的传播机制和参与模式。

通过对媒介技术在不同历史阶段对体育健康传播模式的影响进行综合考察，本书描绘了一幅技术进步与传播模式相互作用的宏大画卷，并指出未来传播领域中的潜在走向和发展前沿。

二、数字化转型：互联网时代的体育健康传播新格局

（一）互联网的普及与体育健康信息的去中心化

互联网的普及和宽带与移动互联网技术的快速发展，引领了体育健康传播进入一个新的数字化转型时代。这一转型重塑了信息传播的格局，特别是在体育健康信息的去中心化和传播渠道多元化方面表现得格外明显。

1. 去中心化的信息传播

互联网技术的突破打破了传统媒体的信息传播壁垒，实现了信息传播的

去中心化。在这个过程中，不仅传统媒体机构如电视台和报社的独家信息传播权利受到冲击，每个普通用户也都有可能成为信息的提供者与传播者。体育赛事的实况直播、健康咨询服务、线上研讨和讲座等形式在网络上层出不穷，多元化的内容和传播方式更好地满足了用户的个性化需求。

2. 宽带和移动互联网的推动作用

宽带互联网的高速连接和移动互联网的便捷接入，共同推动了体育健康信息的快速传播和实时互动。用户能够在家中通过宽带连接观看高清体育赛事，或在通勤路上通过智能手机查看最新的健康资讯。移动端应用的普及进一步加强了信息传播的即时性和普及性，实现了随时随地的信息获取和分享。

3. 传播渠道的多元化

随着互联网成为主导的信息消费渠道，身处互联网时代的用户享受到了从未有过的高度自由与掌控权。专题网站、在线论坛、博客、微博、视频平台以及即时通信工具等，构成了一个立体、互动、多样的数字信息生态。体育迷可以通过社交平台与同好即时交流赛事信息，健康关注者可以通过在线平台参加健身课程或获取个性化的健康咨询。

4. 用户自主性和互动性的增强

与此同时，互联网的普及也赋予了用户前所未有的自主性。在体育健康信息的获取上，用户不再受限于媒体编辑的策划和安排，而可以根据自己的兴趣和需求自由选择内容和形式。这种自主性的增强，再加上社交媒体固有的互动性，使得用户更加积极主动地参与到信息的传播和交流之中。

互联网尤其是宽带和移动互联网的发展，为体育健康传播的数字化转型助力，推动了信息传播渠道的多元化和去中心化。用户从传统媒体时代的被动接收者，转变为互联网时代的积极参与者和内容创造者。这种转变增强了用户的自主性和互动性，从而对体育健康传播模式产生了深远的影响，催生了新的传播动态和社会互动形式。在未来，随着互联网技术的不断进步，数字化的体育健康传播将继续展现出更加个性化、互动化和普及化的特点。

（二）网络平台的兴起与信息自主选取

随着网络平台的不断兴起与发展，体育健康信息的传播方式经历了从单一到多元的过渡，同时也极大地增强了受众在信息获取过程中的主动权和选择权。

1. 专业网站：权威性信息的集散地

专业网站通常由权威机构或认证专家运营，提供深度分析和研究报告，是体育健康领域内信息质量的保障。用户借助这些站点，可以接触到最新的研究成果、专业的健康指导和官方认证的运动建议。由于专业网站提供的内容经过严格审核，用户可以信赖其信息的准确性和可靠性，对于追求深度和专业知识的受众而言，专业网站是首选的信息源。

2. 综合论坛：交流互动的多样性平台

综合论坛如 Reddit 和天涯等，提供了一个便于用户讨论、交流和分享的开放空间。论坛上各种子版块覆盖了体育健康的方方面面，用户可以根据个人兴趣自由选择参与的话题。论坛内丰富的用户生成内容（UGC）不仅扩展了信息的广度，还提供了从不同角度看待问题的可能性，赋予了用户在信息源多样化中进行选择的自由。

3. 博客：个性化视角的信息传播

博客是表达个人观点和分享个性化信息的渠道。在体育健康领域，不论是专业人士还是普通爱好者都可以通过博客分享实践经验、个人见解或研究观察。这种形式的平台为信息传播带来了个性化的视角和主观色彩，使得用户能够接触到多元化的观点，并据此进行信息选择和判断。

4.问答平台：针对性信息解答的聚合地

知乎、Quora等问答平台让用户能够直接提出疑问，并得到来自社区其他成员或专家的答复。在体育健康话题上，用户可以快速获得有针对性的解答和建议。这些平台的互动性和即时性使得信息传播更加灵活，也让用户在信息筛选时更加倾向于基于问题和回答的直接交流，从而提升了决策质量。

5.用户的信息筛选权

网络平台的多样化给予了用户更广泛的信息筛选权。用户不仅可以根据兴趣选择关注特定领域的内容，还可以通过互动参与和讨论，对接收到的信息进行深入挖掘和检验。在这些平台中，用户可以主动寻找所需信息，也可以通过参与讨论获取更多视角，形成更全面的认识。

网络平台的发展大大丰富了体育健康信息的传播渠道，同时也提升了受众在信息筛选及获取过程中的自主权。从专业网站的权威信息到综合论坛的多元讨论，再到个性化的博客与问答，受众如今拥有前所未有的信息主动选择和参与互动能力。此变化不仅在于信息量的丰富，更体现在信息质量的筛选、个性化需求的满足以及受众决策能力的增强。随着技术的进步和用户习惯的改变，未来网络平台有望继续扩展其在体育健康信息传播领域的作用。

三、社交媒体的参与革命：建构共创共享的体育健康传播生态

（一）社交媒体：信息传播的快速通道与用户互动基地

社交媒体在体育健康领域的应用对信息的流转和用户参与模式产生了深远的影响。以Facebook、Twitter、Instagram、微信和微博等为代表的社交媒体平台正在重新定义信息传播的速度和广度，本部分探究了社交媒体如何作为快速通道促进信息传播，并成为促进用户互动的基地，同时分析了信息传

播在这些平台上速度和广度方面的新变化及其伴随的挑战。

1. 信息高速公路：社交媒体的传播效率

在信息时代的浪潮中，社交媒体以其独特的即时性、互动性和前所未有的可达性，建构了一条高效的信息高速公路，深刻重塑了体育健康传播的格局。这条高速公路不仅加速了信息的流通速度，更拓宽了传播的广度与深度，为体育健康文化的传播开辟了全新的路径。

社交媒体平台，作为信息高速公路上的重要节点，赋予了用户前所未有的信息发布与接收能力。用户能够实时捕捉体育赛事的每一个精彩瞬间，通过精心编撰的帖子、精练有力的推文或是生动丰富的故事形式，将第一手资讯以光速传递给遍布全球的受众。这种即时发布的特性，极大地缩短了信息传播的时差，确保了体育健康资讯的新鲜度与时效性，满足了公众对于即时信息的迫切需求。

更为关键的是，社交媒体所建构的互动机制，打破了传统传播模式中受众被动接受信息的局面。用户不仅能够即时获取所需信息，还能通过评论、点赞、转发等多种方式参与讨论，形成多元观点的交流与碰撞。这种深度互动不仅加深了受众对于体育赛事实况和健康资讯的理解与认知，还促进了信息在社交网络中的广泛共享与深度传播。在高度网络效应的推动下，信息如同涟漪般迅速扩散至社交网络的每一个角落，覆盖了更为广泛的用户群体，实现了体育健康文化的深度渗透与广泛普及。

从专业学术的视角来看，社交媒体在体育健康传播中的这一作用，不仅体现了新媒体技术在信息传播领域的巨大潜力，也为我们探索更加高效、互动、个性化的传播模式提供了宝贵的启示。未来，随着技术的不断进步和应用的持续深化，社交媒体有望成为推动体育健康文化传播创新发展的重要力量。

2. 社群连接：用户参与和互动的新模式

社交媒体以其独特的能力，跨越了时间和地域的界限，构筑了一个即时互动与反馈的全球性网络，这在体育赛事直播与健康危机传播的紧迫场景中尤为凸显其不可估量的价值。它不仅是一个信息传播的平台，更是一个社群连接的桥梁，深刻改变了信息流通的模式与用户参与互动的方式。

在社交媒体建构的生态中，用户被赋予了前所未有的活跃角色。他们不仅是信息的被动接受者，更是讨论的发起者、内容的创造者与传播的推动者。通过点赞、评论、转发等多样化的互动方式，用户能够围绕体育赛事的激烈对抗、健康议题的深刻探讨等热点话题展开即时而深入的交流。这种高度的参与性不仅极大地增强了受众的黏性与活跃度，也促进了信息的多元化与深度挖掘，使得体育健康文化的传播更加生动立体、贴近人心。

更值得注意的是，社交媒体推动了内容共创的兴起，用户生成内容（UGC）成为信息传播的重要组成部分。从专业赛事的深度分析到日常健康的实用建议，从个人经验的真诚分享到群体智慧的碰撞融合，用户通过社交媒体平台，以文字、图片、视频等多种形式，共同编织了一张丰富多彩的信息网络。这种内容共创的模式不仅丰富了信息的多样性，也提升了受众的参与感与归属感，使得信息传播的过程更加生动有趣，更加贴近用户的实际需求与兴趣点。

从专业学术的视角来看，社交媒体所展现出的社群连接与用户互动的新模式，不仅是对传统传播理论的一次深刻挑战与拓展，也是对未来信息传播趋势的一种有力预示。它启示我们在信息爆炸的时代背景下，如何充分利用社交媒体的独特优势，建构更加开放、互动、参与式的传播体系，将是推动体育健康文化传播创新发展的关键所在。

3. 数字化挑战：社交媒体面临的问题

社交媒体在体育健康传播领域的广泛应用，虽然极大地促进了信息的快速流通与广泛传播，但同时也伴随着一系列复杂而严峻的挑战。这些挑战对信息传播的真实性、用户数据的安全性以及信息处理的效率构成了深刻影响。

信息真实性问题是社交媒体传播中不可忽视的痛点。在这个信息爆炸的时代，虚假新闻与不实信息如同杂草般在网络空间中肆意蔓延，其快速传播与广泛覆盖的特性，极易误导公众对体育赛事实况与健康资讯的正确认知。虚假信息的泛滥不仅损害了媒体的公信力，也干扰了体育健康文化的健康发展，对公众的健康观念与行为产生了潜在的负面影响。因此，如何建立有效的信息筛选与验证机制，确保社交媒体上信息的真实性与准确性，成为一个亟待解决的学术与实践问题。

数据隐私与安全问题同样不容忽视。社交媒体平台在为用户提供便捷服务的同时，也收集了大量关于用户个人健康数据与体育活动信息的敏感数据。这些数据若未得到妥善保护与管理，极易成为不法分子攻击的目标，导致用户隐私泄露与数据安全风险加剧。数据隐私的泄露不仅侵犯了用户的合法权益，也可能对用户的身心健康造成不可估量的损害。因此，如何建构安全的数据存储与传输机制，保障用户数据的隐私性与完整性，是社交媒体平台必须面对的重要课题。

信息过载问题也是社交媒体传播中不可忽视的挑战之一。随着社交媒体用户数量的不断增长与信息传播速度的持续加快，海量信息如潮水般涌向用户，使得用户在识别与筛选关键信息时面临巨大困难。信息过载不仅降低了用户的信息处理效率与满意度，也可能导致用户产生信息焦虑与疲惫感。因此，如何优化信息呈现方式与过滤机制，帮助用户快速准确地获取所需信息，成为提升社交媒体用户体验的关键所在。

综上所述，社交媒体在体育健康传播中面临的挑战是多方面的、复杂的。为了应对这些挑战，我们需要从多个维度出发，综合运用技术手段、法律法规与伦理规范等多种手段，共同建构一个健康、安全、高效的体育健康传播生态。

社交媒体已经成为体育健康传播生态中不可或缺的一部分，其快速的信息传播通道和丰富的用户互动平台正不断塑造该领域的未来。对于体育健康传播实践者而言，充分利用社交媒体的优势并应对其中的挑战，将是提升传播效果和增强受众参与度的关键。未来，社交媒体将继续发挥引领作用，推动体育健康传播向着更加参与化、个性化和智能化的方向发展。

通过分析社交媒体在体育健康领域的应用情况，可以看到，其作为一个快速信息传播的通道和互动基地，使得体育健康信息传播更加生动、及时和参与性强。尽管存在挑战，但社交媒体的潜在力量在于鼓励共创和共享的环境，不断地推动体育健康传播朝着更加开放和互动的方向发展。

（二）用户生成内容（UGC）：体育健康传播的新动力

用户生成内容（UGC）作为一个由用户主导的内容创作和分享模型，已经改变了体育健康信息的流通方式，通过激发普通用户的创造力，推动了传播活动的民主化和个性化，在当今的社交媒体生态中发挥着至关重要的作用。在体育健康传播领域，UGC 不仅拓宽了信息来源，提高信息的可访问性和多样性，还激活了用户参与意识，加强了社区的参与感和互动性。短视频平台更是作为 UGC 的重要阵地，促进了内容创作与传播的新趋势，并为体育健康领域注入了新的活力。

1. UGC 的崛起与特性

创造的民主化：UGC 打破了内容创作的壁垒，让无论是专业运动员还是日常健身爱好者，每个用户都有机会发声。

信息的多元化：不同用户根据其独特视角创作内容，丰富了体育健康信息的范畴，包括训练方法、营养饮食、休闲体育等多方面。

参与的自发性：UGC 模式鼓励用户主动参与讨论与分享，建构了一个动力十足的互动环境。

2. UGC 在体育健康领域中的效用

个性化体验：用户创建相关内容，从而提供了更加个性化的信息和建议，使其他用户能够找到适合自己的体育活动或健康方案，带来更具个性和实践性的视角。

社区的互动和聚集：短视频等UGC内容能够吸引同样感兴趣的人群，体育爱好者和健康关注者通过UGC建立起群体共鸣，形成以健康和运动为中心的有凝聚力的在线社区。

激发用户参与创新：用户生成的比赛解说、健身教程和健康食谱等内容，激励更多人参与进来并发挥创意。

3. 短视频平台上的UGC现象

即时性与易消费：短视频以其即时性，快速捕捉和传达体育赛事的精彩时刻，或迅速分享简明的健康小贴士。

创意与互动的结合：短视频鼓励用户创造引人入胜的内容，并能及时收到反馈，如点赞、评论和转发。平台内置的点赞、评论和分享功能，提升了用户之间互动的便利性，增强了内容的传播势能。

挑战与教程：短视频平台成为挑战活动的孵化器，这些参与性活动很快就能吸引大量用户模仿和分享。

社群的形成和发展：围绕特定运动或健康主题的账号和话题，进一步巩固了社群意识，推动了相关领域内知识的交流与传播。

4.UGC模型的影响及其未来

在社交媒体时代，用户生成内容（UGC）模型将用户的参与度和内容的多样化推至新高度，已成为体育健康传播的重要模型，在体育健康传播领域开辟了新的天地。它借助短视频平台等新媒体，大大提高了用户的参与度和信息的流通速度，促使内容创作与传播进入了一个全民参与和持续创新的时代。尽管面临挑战，但UGC模型在推动内容多样性和增进用户互动方面的潜力是显而易见的。对UGC模式的深化和完善，将是推进体育健康信息传播的关键。展望未来，随着技术的进步和用户的日益成熟，我们预见UGC在体育健康传播中将发挥更大作用，建构一个更加活跃、互联互动化的传播生态系统。

四、移动互联网与大数据时代：面向个性化的体育健康传播模式

（一）移动先锋：体育健康信息的无缝传递

随着智能手机和移动应用程序的普及，我们进入了一个个性化的体育健康传播新纪元。这些移动设备不仅重塑了信息消费的传统方式，促进了信息获取的自由与灵活性，而且对用户健康行为和体育活动的方式产生了显著影响。移动设备的普及，特别是智能手机和平板电脑，已经将体育和健康信息的传播推向了一个前所未有的新境界。这种趋势不仅为体育健康传播的即时性和普及性提供了可能，也深刻影响了用户的日常行为和健康习惯。

1. 无限接入：移动设备的普及

随需应变的信息流：智能手机和移动应用的渗透为用户提供了一个随时随地获取、分享和讨论体育健康信息的环境，让用户无论在何时何地都能接触到最新的体育赛事和健康资讯。

定制化内容的推送：移动应用通过大数据分析用户行为，推送最相关的体育新闻和健康资讯，实现个性化服务。

2. 行为变革：移动媒介的深远影响

从被动接收到主动参与：移动设备的便携性鼓励了用户在体育健康领域由消费者转变为互动参与者。

健康跟踪的智能化：移动设备结合健康追踪器和健康应用，用户可以跟踪自己的活动量、饮食习惯等，方便用户对健康指标的实时监测和管理，对健康管理产生积极作用。

数据驱动的互动：大数据分析支持移动应用程序提供更贴合用户习惯和需要的个性化内容和推荐。

3. 大数据驱动：精准化服务的提供

个性化健康指南：基于用户提供的个人数据和大数据分析，移动应用可以推送个性化的健康建议和运动方案。

用户体验的优化：应用程序通过收集用户反馈和使用习惯，不断优化用户体验和服务质量。

智能健康助手的角色：智能手机和应用继续扮演数字时代的"健康助手"角色，提供从饮食到运动的全面健康管理。

4. 使用挑战：隐私与精确性的考量

数据隐私的担忧：用户对智能手机和应用程序中个人信息的安全性和隐私保护表示关注。

信息的权威性和适用性：面对海量的健康信息和建议，用户需要辨别信息的准确性和可信度。

技术和社会隔阂：尽管移动设备大幅提升了信息获取的灵活性和便捷性，但存在的技术鸿沟仍然会影响特定群体的信息覆盖面。

移动互联网和大数据时代加速了体育健康传播模式的个性化进程，彻底改变了体育健康信息的传播方式，为用户提供了前所未有的自由度和个性化体验。随着技术的进一步发展和用户习惯的演变，移动媒介将继续在个性化体育健康传播领域发挥关键作用，推动信息服务的创新和优化，同时，也需要不断提升对用户隐私和数据安全的保护。

（二）大数据精准策略：个性化体育健康传播的优化之道

在移动互联网时代，大数据的应用已经成为实现体育健康传播个性化和提升信息落地效率的关键。它能够通过用户行为分析，提供定制化的内容，实现精准营销,并显著改善用户体验。本小节将详细阐述大数据在培养用户个性化健康习惯中的重要作用,以及如何利用这些策略来提升整个领域的传播效率。

1. 大数据:个性化传播的动力源泉

利用用户在线行为、偏好设置和历史数据,大数据技术能够建构详细的用户画像,提供更符合其需求的体育健康内容。通过分析大规模用户数据,大数据可以预测用户可能感兴趣的体育活动或健康建议,实现个性化推荐。

2. 精确营销:提升传播效率的策略

精准定位接收者,大数据让传播者能够识别最有可能对信息做出反应的用户群体,从而提高营销活动的转换率和 ROI(投资回报率)。基于用户的实时行为数据,传播者可以发送即时的推送通知或者信息,进一步鼓励用户的即时参与。

3. 信息落地效率的提升

定制化教育内容,根据用户的个性需求和健康状况,大数据有助于创造更加个性化的健康教育计划,提高信息的实际落地可能性。快速收集用户反馈并应用于服务改进中,使得体育健康传播和产品能更好地适应市场需求。

4. 大数据传播策略所面临的挑战

在搜集和分析大量用户数据的过程中,保护个人隐私是一个相当重要的方面,需要确保符合法律法规。确保存储和处理数据的安全性,防止数据泄露或被用于不正当的用途。需要避免过度个性化推荐带来的信息泡沫效应,并确保信息的科学性和准确性。

大数据不仅使体育健康传播过程之中的个性化成为可能,而且通过精准营销策略显著提升了信息的传播效率和用户参与度。为了实现这种传播模式的长远发展,行业参与者需要继续关注用户隐私、数据安全以及准确性这些挑战，并提出相应的解决办法。预计在未来，大数据将继续作为体育健康领域个性化传播的重要引擎，推动整个行业向着更加智能化和高效化的方向前进。

第二节 体育健康传播模式建构的理论框架

在本书中我们深入探讨了体育健康传播在社交媒体时代的新特征、新挑战与新机遇。健康传播生态模式作为一种跨学科的视角，为我们理解并优化体育健康传播过程提供了有力的理论工具。本节将重点阐述健康传播生态模式在体育健康传播中的具体运用，以期为实践提供理论指导。

一、健康传播生态模式的基本框架

随着体育健康传播的不断发展，建构一个全面、系统的健康传播生态模式已成为研究和实践的重要课题。健康传播生态模式不仅强调传播主体、媒介和内容的有机结合，还注重传播过程中的动态互动和反馈机制。通过建构健康传播生态模式，能够更好地协调和整合各方资源，提升健康信息的传播效果，最终达到促进公众健康的目标。以下将从传播主体、传播内容、传播媒介、传播环境、传播互动和反馈机制等方面，详细阐述健康传播生态模式的基本框架。

（一）传播主体的多元化与协同作用

在健康传播生态模式中，传播主体的多元化和协同作用是模式建构的基础。传播主体包括政府机构、医疗卫生组织、体育团体、媒体、学术机构、商业企业等。这些主体各自发挥独特的功能，共同推动体育健康信息的生产、传播和应用。政府机构负责政策制定和公共健康倡导，确保健康信息的权威性和规范性；医疗卫生组织和体育团体通过专业知识的传播和体育活动的组织，直接影响公众的健康行为；媒体和社交平台则负责信息的广泛传播和与受众的互动参与；学术机构为传播内容提供科学支撑，确保信息的准确性和实用性；商业企业通过市场化手段推广健康产品和服务，推动健康生活方式的普及。这些主体之间的协同合作，不仅能够提高信息的传播效率，还能增强传播的社会影响力，形成一个高效的健康传播生态系统。

（二）传播内容的科学性与多样性

传播内容的科学性与多样性是健康传播生态模式的核心要素。科学性确保了传播内容的权威性和可信度，使受众能够依赖传播信息做出健康决策。多样性则满足了不同受众的需求和兴趣，通过覆盖广泛的健康主题，如运动指导、饮食营养、心理健康和疾病预防等，传播主体能够吸引更广泛的受众群体。传播内容的设计应以科学研究为基础，结合受众的实际需求，既提供具体实用的健康建议，又传播健康理念和价值观。通过科学性与多样性的结合，传播内容不仅能够提升受众的健康素养，还能促使其主动参与健康行为，从而在整体上提升社会的健康水平。

（三）传播媒介的多元选择与整合应用

传播媒介在健康传播生态模式中起着至关重要的作用，不同媒介的选择与整合应用直接影响传播的效果。传统媒体如电视、广播和报纸，因其广泛的受众基础和权威性，适合传递重要的健康信息和开展大规模的公共健康教育。新兴媒体如社交媒体、短视频平台和健康应用程序，则因其高互动性和精准性，能够在更细分的受众群体中传播健康信息，并通过实时互动增强受众的参与感。健康传播生态模式中的媒介选择应根据传播内容的特点和目标受众的媒介使用习惯，灵活调整和组合，形成多元化的媒介矩阵。通过整合应用多种媒介，传播主体能够最大限度地扩展信息的传播范围，增强信息的传播效果。

(四)传播环境的动态适应与优化

传播环境是健康传播生态模式中的重要因素,它包括技术环境、社会环境、文化环境和政策环境等多个维度。传播环境的变化会对健康传播的效果产生深远影响。例如,技术环境的快速发展,特别是移动互联网和大数据技术的应用,为健康传播提供了新的平台和工具;社会环境中的公众健康意识和行为习惯,也直接影响传播内容的接受度和传播方式的选择;文化环境则决定了传播内容和形式的适应性,文化背景不同的受众可能对同一内容有不同的理解和反应;政策环境则为健康传播提供了规范和指导,影响传播主体的活动范围和传播内容的合规性。传播主体应根据环境的变化,及时调整传播策略,优化传播模式,以适应不同环境下的传播需求,确保传播效果的持续提升。

(五)传播互动与反馈机制的建立

传播互动与反馈机制是健康传播生态模式中的关键环节。互动机制强调传播主体与受众之间的双向沟通,传播不再是单向的信息传递,而是一个动态的互动过程。通过互动,传播主体可以实时了解受众的需求和反馈,调整传播内容和方式,提高信息的接受度和传播效果。反馈机制则通过数据收集与分析,监测传播效果,识别传播中的问题,并根据反馈持续改进。这种互动与反馈机制的建立,不仅能够增强受众的体育参与感和体验感,还能帮助传播主体不断优化体育健康传播策略,实现体育健康传播效果的最大化。

(六)健康生态模式的整合与创新

在健康传播生态模式的建构中,整合与创新是实现模式可持续发展的重要保障。整合强调将各个传播要素有机结合,形成一个协调一致的传播体系。

通过资源的有效配置和协作，提升整体传播效果。创新则体现在对传播内容、媒介应用和传播方式的不断探索和更新。随着信息技术的进步和社会环境的变化，传播主体需要不断创新传播策略，如利用虚拟现实（VR）、增强现实（AR）等新技术，提升传播内容的沉浸感和互动性，或通过跨界合作，拓展健康传播的边界。这种整合与创新的结合，能够为健康传播注入新的活力，使其在复杂多变的传播环境中保持竞争力和影响力。

健康传播生态模式的基本框架通过传播主体的多元协同、传播内容的科学性与多样性、传播媒介的多元选择与整合应用、传播环境的动态适应与优化、传播互动与反馈机制的建立，以及生态模式的整合与创新，建构了一个全面、系统的传播体系。这个生态模式不仅有助于提升体育健康传播的整体效果，还为实现公众健康素养和生活质量的全面提升提供了有力支持。

二、体育健康传播主体的角色与功能

在社交媒体语境下，体育健康传播的成功依赖于多个主体的共同作用。各主体在体育健康传播中扮演着不同的角色，承担着各自的职责，同时通过互动产生相互影响。

在体育健康传播中，传播主体的多元化是确保传播效果的关键。不同的传播主体在体育健康信息的生产与传递过程中扮演着各自独特的角色，彼此之间的协同作用能够极大地提升传播的广度和深度。只有不同主体密切协作，才能建构出一个全面、高效的体育健康传播生态系统。

（一）政府机构的引领与规范作用

政府机构在体育健康传播中扮演着引领和规范的核心角色。作为公共健康的主要推动者，政府机构通过政策制定、公共健康教育、体育活动的推广等方式，引导社会各界重视体育健康议题。政府不仅负责制定和实施与体育健康相关的政策和法规,还通过开展全国性的健康运动、发布权威健康信息以及组织大型体育活动,来促进全民健身意识的提高和健康行为的普及。此外,政府还肩负着规范传播内容的责任,通过制定相关法规和标准,确保体育健康传播的内容科学、准确、公正,防止虚假信息的传播,保障公众的健康权益。

(二)媒体组织的传播扩展与引导作用

媒体组织在体育健康传播中的作用不可或缺。作为信息传播的主要渠道,传统媒体如电视、广播、报纸,以及新兴媒体如网络新闻平台和社交媒体,通过多种传播形式,将体育健康信息广泛传播给不同层次的受众。媒体不仅负责内容的生产和传播,还在很大程度上引导着公众的健康认知和行为选择。通过专题报道、专家访谈、公益广告等形式,媒体能够深化体育健康主题的传播,激发公众对健康生活方式的兴趣。此外,媒体在重大体育赛事和全民健身活动中的报道,也能够有效提升公众的体育参与热情,从而达到广泛传播健康理念的目的。

(三)体育组织的示范与动员作用

体育组织在体育健康传播中具有重要的示范与动员作用。作为体育活动的主要组织者,体育组织通过赛事活动、运动项目推广和体育设施的建设,直接影响公众的体育参与度。大型体育赛事如奥运会、世界杯等,因其广泛的关注度和影响力,能够在短时间内极大地提升公众的体育热情。此外,体育组织还通过开展各类全民健身活动和体育培训,向公众传播科学的运动方法和健康的生活方式,推动全民健身的深入发展。体育组织的示范作用不仅体现在活动层面,也体现在其对于健康生活方式的倡导和推广上,为社会大众树立了积极向上的健康生活榜样。

（四）学术机构的研究支撑与权威作用

学术机构在体育健康传播中提供了必要的研究支撑和权威保障。作为知识生产的主体，学术机构通过科学研究为体育健康传播提供了理论基础和数据支持。这些研究成果不仅为传播内容的科学性和准确性提供了保障，也为政策制定者和传播者提供了重要的参考依据。此外，学术机构还通过开展健康教育项目、编写健康教材和出版专业书籍等方式，直接参与到体育健康知识的普及过程中。学术机构的权威性使得其发布的信息更易被公众信任，从而增强了传播的效果和影响力。

（五）商业企业的创新推广与市场驱动作用

商业企业在体育健康传播中发挥着创新推广和市场驱动的作用。通过市场营销、品牌推广和健康产品的开发，商业企业在一定程度上推动了体育健康理念的普及和实践。健康食品、健身器材、运动服饰等产品的推广，不仅满足了公众的健康需求，也在无形中推动了健康生活方式的流行。此外，商业企业通过赞助体育赛事、支持全民健身活动等方式，参与到体育健康的推广过程中，利用市场机制将健康理念与消费行为相结合，进一步推动了体育健康产业的发展。

综上，体育健康传播主体的多元性和功能性是建构有效传播模式的基础。各主体在传播过程中通过协同作用和功能优化，共同推动了体育健康信息的广泛传播和深度影响，最终实现提升公众体育健康素养和生活质量的目标。

三、体育健康传播内容的构成与质量

（一）内容多样性是体育健康有效传播的基础

在社交媒体时代，体育健康传播内容的多样性是实现有效传播的基础。

高效的体育健康传播需要覆盖广泛的内容领域，以满足受众的多样化需求。具体而言，体育健康传播内容可以分为四大类：知识普及、理念传播、赛事报道和互动反馈。知识普及内容侧重于提升受众的体育健康素养，帮助其掌握科学的运动与健康知识；理念传播内容通过倡导积极的健康生活方式和体育精神，影响社会整体健康意识的提升；赛事报道内容则利用体育赛事的影响力，激发公众的运动热情和参与兴趣；互动反馈内容则通过双向交流，增强受众的参与感和对传播内容的认同感。这些多样化的内容构成是实现广泛有效传播的关键。

（二）高质量内容是体育健康传播效果的保障

体育健康传播的有效性不仅依赖于内容的多样性，更依赖于内容的高质量。传播内容的质量可以从科学性、实用性、客观性、互动性和创新性五个维度来评估。科学性是内容质量的核心，确保传播信息的准确性和可信度；实用性要求内容能够为受众提供切实可行的指导，从而改善其健康状况；客观性则要求传播内容保持中立，避免受到商业利益或其他偏见的影响；互动性强调通过设计有效的互动环节，提升受众的参与感；创新性则指传播内容需要不断探索新颖的表达形式和技术手段，以吸引受众的注意力并增强传播的广度和深度。只有在这些方面都做到高标准，才能确保体育健康传播的内容具备良好的传播效果。

（三）优化内容构成与质量，推动体育健康传播模式创新

通过不断优化体育健康传播内容的构成与质量，可以显著提升传播效果，并推动传播模式的创新。研究表明，内容的多样性和高质量不仅有助于吸引受众参与，还能够有效促使受众改变健康行为，形成更广泛的社会影响。因此，体育健康传播在内容构成上应实现全面覆盖，在质量上则需严格把控科学性、实用性、客观性、互动性和创新性。这种双管齐下的策略，不仅能最

大化传播效果,还能持续推动体育健康传播模式的优化与创新,最终提升公众的体育健康素养和生活质量。

(四)内容创新是提升体育健康传播效果的关键

在社交媒体快速发展的背景下,内容创新已成为体育健康传播中不可或缺的一部分。创新不仅体现在内容的表达形式上,如利用短视频、直播、虚拟现实(VR)等新技术,还体现在传播策略的更新迭代中。通过不断创新,传播主体能够更好地抓住受众的注意力,增强信息的传播力和影响力。这种创新驱动的内容优化将使体育健康传播更加适应现代受众的需求,并在日益激烈的媒体环境中保持竞争力。

(五)多维度内容策略实现体育健康传播的最大化效应

为了实现体育健康传播的最大化效应,传播内容的策略应采用多维度的综合方式。通过知识普及、理念传播、赛事报道和互动反馈的有机结合,以及对内容质量的严格把控,可以形成一个全面、系统且高效的传播模式。这一模式不仅能够在短期内显著提升传播效果,还能长期不断增强公众的体育健康素养,促进全民健康生活方式的形成与巩固。

体育健康传播内容的构成与质量在传播模式建构中具有关键作用。通过多样化的内容构成和高标准的质量要求,体育健康传播可以在社交媒体环境下实现广泛而深远的影响,最终达到提升公众体育健康素养和生活质量的目标。

四、体育健康传播媒介的选择与优化

(一)媒介多样化选择是精准传播的前提

在建构有效的体育健康传播模式中,媒介的选择至关重要。随着社交媒体的普及，受众获取信息的渠道愈发多样化，传播主体需要根据目标受众的特点和信息接收习惯，选择合适的媒介进行精准传播。体育健康传播的媒介可大致分为以下几类：传统媒体（如电视、广播、报刊）、社交媒体（如微信、微博）、专业体育平台（如健身APP、体育网站）和新兴媒介（如短视频平台、直播平台）。每种媒介在传播效果、受众覆盖和互动性方面各有优势。传播主体应根据传播内容的性质和目标群体的特征，灵活选择和组合不同媒介，以实现最大化的传播效果。

（二）社交媒体的核心地位与精准投放策略

社交媒体在体育健康传播中的地位日益凸显，已成为传播主体与受众之间互动最为频繁的渠道。微信、微博、抖音等平台由于其广泛的用户基础和强大的社交属性，在体育健康信息的传播中起到了核心作用。然而，仅依赖单一平台难以覆盖所有目标受众，精准投放策略的应用尤为重要。传播主体应充分利用社交媒体平台的数据分析功能，针对不同受众群体定向推送内容，通过算法推荐、兴趣标签、区域定向等手段，实现信息的精准投放。这样的精准传播策略，不仅可以提升信息的触达率和影响力，还能有效提高受众的参与度和行为转化率。

（三）多平台联动优化传播效果

多平台联动是优化体育健康传播效果的重要策略之一。不同媒介平台的联动不仅可以扩大信息的覆盖面，还能增强传播的深度和广度。例如，在重大体育健康推广活动中，可以通过电视、广播等传统媒体进行广泛的社会动员，通过社交媒体平台进行实时互动与内容扩展，通过专业体育平台提供深度的知识普及和健康指导。这种多平台的协同传播策略能够有效整合各类媒介的优势，形成传播合力，最大化传播效果。

（四）新兴媒介的创新应用与传播前景

随着技术的不断发展，新兴媒介在体育健康传播中展现出了巨大的潜力。短视频平台、直播平台、VR/AR 技术等为体育健康传播提供了创新的应用场景。这些新兴媒介通过更为直观、生动的方式吸引受众，增强了传播内容的互动性和沉浸感。短视频平台如抖音、快手等，通过简短、有趣的视频内容迅速传播健康理念和体育技巧，已成为吸引年轻受众的有效工具。直播平台则通过实时互动和参与感，增强了传播的即时性和共鸣感。此外，VR/AR 技术的应用能够让受众在虚拟场景中体验体育活动，增加了体育健康传播的趣味性和实际操作性。这些新兴媒介的创新应用，不仅丰富了体育健康传播的形式，还为未来传播模式的创新开辟了新的方向。

（五）媒介组合优化策略实现传播效果最大化

为了实现体育健康传播的效果最大化，媒介组合优化策略是必不可少的。传播主体应根据不同媒介的特点，制定有针对性的组合策略。例如，在一场大型的全民健身宣传活动中，可以先通过传统媒体进行广泛的社会动员，接着在社交媒体上发布互动内容和实时更新，最后通过专业体育平台进行深度知识普及和个性化指导。这样的媒介组合不仅能够覆盖更广泛的受众，还能提高传播内容的丰富性和深度，增强受众的参与感和忠诚度。通过这种优化组合策略，体育健康传播能够在信息爆炸的时代中保持竞争力，真正实现对公众健康意识和行为的积极影响。

（六）媒介选择与优化的动态调整

在信息技术快速发展的背景下，媒介选择与优化策略需要不断动态调整。传播主体应密切关注媒介环境的变化，及时调整传播策略，以适应受众需求的变化和技术的进步。例如，随着短视频和直播平台的迅猛发展，越来越多的受众开始通过这些平台获取体育健康信息,传播主体应适时增加在这些新兴平台上的投入。此外,随着大数据和人工智能技术的发展,传播主体可以更精准地分析受众行为,进行个性化内容推送和效果跟踪,从而实现更为精准的体育健康传播。

综上所述,体育健康传播媒介的选择与优化在体育传播模式建构中占据重要地位。通过合理选择、精准投放、多平台联动、新兴媒介应用以及动态调整优化策略,传播主体能够最大化体育健康传播的效果,提升公众的体育健康素养,进而推动全民健康生活方式的形成与巩固。

五、体育健康传播效果的评估方法

在建构体育健康传播模式的过程中,评估传播效果是确保传播策略有效性的重要环节。精准的评估不仅能够为传播效果提供客观的衡量标准,还能为后续传播策略的优化提供数据支持和理论依据。体育健康传播效果的评估主要涵盖传播覆盖面、受众参与度、行为改变、健康知识提升以及社会影响等多个维度。通过科学的评估方法,可以深入了解传播的实际效果,识别传播中的优势和不足,从而为体育健康传播的持续改进提供指导。

(一)体育健康传播覆盖面的量化评估

传播覆盖面是体育健康传播效果评估的基本指标之一。覆盖面评估主要通过量化传播内容在不同媒介平台上的曝光量、阅读量、收视率、点击率和分享次数等数据来衡量。传统媒体如电视和广播的覆盖面评估可以通过收视率和听众数来实现,而在社交媒体和网络平台上,则主要依赖点击量、浏览量和互动次数等数据。这些量化指标能够直观反映传播内容的受众覆盖范围,帮助传播主体了解其信息传播的广度和渗透力,并据此调整传播策略以达到更广泛的受众覆盖。

（二）受众参与度的深度评估

受众参与度是体育健康传播效果的重要评估维度之一，直接反映了受众对传播内容的兴趣和接受程度。评估受众参与度主要通过分析互动数据、反馈意见和参与活动的人数等指标。具体方法包括统计社交媒体上的点赞、评论、转发、问卷填写、活动报名等互动行为，分析受众参与的活跃度和深度。高参与度往往意味着传播内容对受众产生了较强的吸引力和影响力，有助于进一步增强信息的传播效果和公众的健康意识。此外，通过对参与度的评估，还可以发现受众的兴趣热点和需求，为优化传播内容提供依据。

（三）行为改变的跟踪评估

行为改变是体育健康传播最终效果的核心评估指标之一，直接关系到传播的实际影响力。评估行为改变的方法包括开展问卷调查、行为记录分析和长期跟踪研究等。问卷调查可以收集受众在接触传播内容后的行为变化，如运动频率增加、健康饮食习惯的养成等。行为记录分析则通过跟踪受众的运动数据、健身打卡记录等实际行为变化，评估传播内容对受众生活方式的影响。长期跟踪研究则能够深入分析传播内容在较长时间内对受众行为的持续影响力。这些评估方法不仅帮助传播主体理解传播内容对受众实际生活的改变，还能够为后续传播活动的调整和优化提供实证依据。

（四）健康知识提升的教育效应评估

体育健康传播的教育效应评估主要集中在受众健康知识的提升上。评估方法包括知识测试、问卷调查和访谈等。通过前后对比健康知识测试结果，可以直接量化传播内容对受众健康知识水平的提升效果。问卷调查则可以收集受众对健康知识的理解和掌握情况，以及对传播内容的反馈意见。访谈则能够深入了解受众在接触传播内容后的知识增长、态度变化和实践应用情况。

这种教育效应评估帮助传播主体了解传播内容的知识普及效果，评估受众健康素养的提升情况，为进一步优化内容提供数据支持。

（五）社会影响的综合评估

社会影响评估是体育健康传播效果的高层次衡量标准，涉及传播内容对社会整体健康意识和行为习惯的影响。社会影响的评估可以通过社会舆论分析、政策影响评估和公众健康水平变化等多个维度进行。社会舆论分析主要关注传播内容在社会中的讨论度和关注度，评估其在大众中的影响力。政策影响评估则关注传播内容是否引发了相关公共政策的制定或调整，反映传播对社会治理的推动作用。公众健康水平变化评估则通过统计健康相关数据（如肥胖率、慢性病发病率等）来衡量传播内容对社会整体健康状况的长期影响。这些综合评估方法帮助传播主体从更宏观的角度理解体育健康传播的社会价值和长远影响。

（六）动态评估与持续优化

在信息技术迅速发展的背景下，体育健康传播效果的评估方法也需要不断更新和优化。动态评估强调在传播过程中持续监测和调整，通过实时数据分析及时发现传播中的问题，并作出相应的策略调整。结合大数据分析、人工智能技术和受众反馈，传播主体能够更加精准地评估传播效果，并在传播过程中实现动态优化。这种持续优化的评估方法不仅能够提升传播内容的即时效果，还能为未来的传播活动积累经验和数据，形成良性循环，持续推动体育健康传播的进步。

综上所述，体育健康传播效果的评估方法在体育传播模式建构中具有关键作用。通过多维度的评估方法，传播主体能够全面、精准地衡量传播效果，并根据评估结果不断优化传播策略，从而实现体育健康传播效果的最大化，最终提升公众的体育健康质量。

六、体育健康传播场景的影响因素

随着体育健康传播模式的不断发展，传播场景对传播效果的影响愈发明显。传播场景不仅决定了信息的接收环境，还影响了受众对传播内容的理解和反应。不同的传播场景，如线上与线下、公共场所与私人空间、正式与非正式场合等，都会在一定程度上改变信息的传递方式和受众的接受态度。因此，研究体育健康传播场景的影响因素，有助于传播主体更好地设计和优化传播策略，提升传播效果。

（一）线上与线下场景的融合与区分

在现代体育健康传播中，线上与线下场景的融合与区分是影响传播效果的重要因素之一。线上场景，社交媒体平台、体育健康应用程序和网络直播，具有广泛的受众覆盖和即时互动的优势，可以迅速传播体育健康信息并引发广泛讨论。线下场景，社区健康讲座、体育活动现场和健身俱乐部，则更强调面对面的交流和实践，能够提供个性化的指导和深度的互动。线上与线下场景的融合，可以实现信息传播的广度与深度的结合，提升整体传播效果。然而，线上传播往往缺乏线下场景中的实际体验感，而线下传播又难以达到线上的广泛覆盖。因此，传播主体应根据受众特征和传播目标，合理安排线上与线下场景的使用，充分发挥两者的优势。

（二）场景中的社会文化因素影响

社会文化因素在体育健康传播场景中的影响不可忽视。不同的社会文化背景会影响受众对健康信息的接受程度和理解方式。在一些文化中，集体活动和社区互动被视为重要的健康行为促进方式。因此，公共场所的体育健康传播活动往往能获得较高的参与度。而在注重个人隐私和独立性的文化中，私人空间中的健康传播场景，如家庭健身和个性化健康指导，则更容易受到青睐。此外，文化传统、社会习俗等因素，也会影响传播内容在不同场景中的适用性和效果。传播主体应充分考虑受众的社会文化背景，设计符合文化特点的传播场景，以增强信息的接受度和传播效果。

（三）传播场景的环境因素影响

传播场景的环境因素，包括物理环境、技术环境和社会环境等，对体育健康传播的效果有着直接影响。物理环境如场景的空间大小、舒适度、氛围营造等，会影响受众的参与意愿和体验感。例如，在宽敞明亮、设备齐全的体育场馆中，健康传播活动往往更能激发受众的参与热情。技术环境则涉及场景中的技术支持，如网络连接质量、设备的先进性和操作的便捷性等，这些因素直接影响传播内容的展示效果和受众的互动体验。社会环境则包括场景中的人际关系、群体氛围和社会支持等因素，良好的社会环境能够增强传播的互动性和共鸣感。因此，传播主体在设计传播场景时，应综合考虑这些环境因素，创造有利于信息传播的场景条件。

（四）正式与非正式场景的角色

正式与非正式场景在体育健康传播中的角色各有不同。正式场景，如政府举办的健康宣传活动、学术会议中的健康主题报告和大型体育赛事的健康推广活动，通常具有较高的权威性和影响力，能够传递严肃的健康信息并引导社会舆论。然而，正式场景的传播方式往往较为单向，受众的互动和反馈可能受到限制。相较之下，非正式场景，如社交媒体上的健康讨论、朋友间的健康经验分享和社区内的小型体育活动，更具灵活性和亲和力，能够在轻松的氛围中传播健康信息，激发受众的自主参与和积极响应。传播主体应根据传播内容的性质和目标，选择适合的正式或非正式场景，或通过二者的结合，形成更加丰富多样的传播方式。

（五）场景与受众心理的交互影响

传播场景与受众心理之间的交互影响是决定传播效果的重要因素。不同的传播场景会引发受众不同的心理反应，从而影响他们对信息的接受和理解。例如，在私密性较强的个人空间中，受众更容易接纳与自身健康密切相关的个性化建议，而在公共场所，受众则可能更加注重与他人互动和参与集体活动的体验。此外，传播场景的设计如果能够与受众的心理需求相契合，如通过温馨的家庭场景传递关爱信息，或通过充满活力的运动场景激发健身动机，往往能够产生更为积极的传播效果。因此，传播主体在设计传播场景时，应充分考虑受众的心理特点，通过场景与心理的良性互动，提升传播效果。

（六）动态场景的适应与创新

在快速变化的信息环境中，体育健康传播的场景也需要不断适应和创新。动态场景的设计强调在传播过程中，根据受众反馈和环境变化，灵活调整场景设置，以保持传播的持续性和有效性。随着移动互联网的普及，越来越多的健康传播活动已经转向移动端，通过实时推送、位置服务和社交互动等功能，建构出适应受众碎片化时间的传播场景。此外，新兴技术如虚拟现实（VR）和增强现实（AR）的应用，也为体育健康传播提供了全新的场景体验，使受众能够在虚拟环境中参与互动，增强传播的沉浸感和吸引力。通过动态场景的适应与创新，传播主体能够更好地应对不断变化的传播环境，提升传播的竞争力和影响力。

综上所述，体育健康传播场景的影响因素在体育传播模式建构中起着至关重要的作用。通过合理选择和设计传播场景，充分考虑线上与线下、社会文化、环境因素、正式与非正式场合以及受众心理等多重因素，传播主体可以显著提升体育健康传播的效果，最终实现提升公众体育健康素养和生活质量的目标。

第三节 社交媒体平台分析——微博与微信

一、微博平台的强关系网络分析

微博作为一种主要以公开传播为特征的社交媒体平台，尽管它在表面上表现出信息的广泛传播和开放性，但实际上，它依然具有明显的强关系网络特征。这种强关系网络不仅体现在用户之间频繁的互动和紧密的社交联系中，还反映在信息传播的模式和效果上。通过扎根理论和专家深度访谈，我们可以更深入地理解微博平台上体育健康传播中的强关系网络。

（一）微博平台强关系网络的形成与特征

体育迷、意见领袖（KOL）与情感联结的驱动作用。"意见领袖"是媒体传播学的专业术语，是由拉扎斯菲尔德在1940年《人民的选择》一书中提到的，意见领袖是在团队中构成信息和影响的重要来源，并能左右多数人态度倾向的少数人。尽管不一定是团体正式领袖，但其往往消息灵通、精通时事；或足智多谋，在某方面有出色才干；或有一定人际关系能力而获得大家认可。在消费行为学中，意见领袖被特指为为他人过滤、解释或提供信息的人，这种人因为持续关注程度高而对某类产品或服务有更多的知识和经验。本书中的意见领袖是指在体育健康传播中，能为他人过滤、解释或提供专业信息之人。他们定期发布科学锻炼方法、健康饮食建议等高质量内容，因其专业性与权威性而获得粉丝高度信赖。在微博这一社交媒体环境下，他们左右多数人在体育健康方面的态度倾向，引导舆论走向，与粉丝基于专业性认同建构长期互动的强关系网络，对体育健康信息传播与粉丝健康行为塑造发挥关键作用（图3-1）。

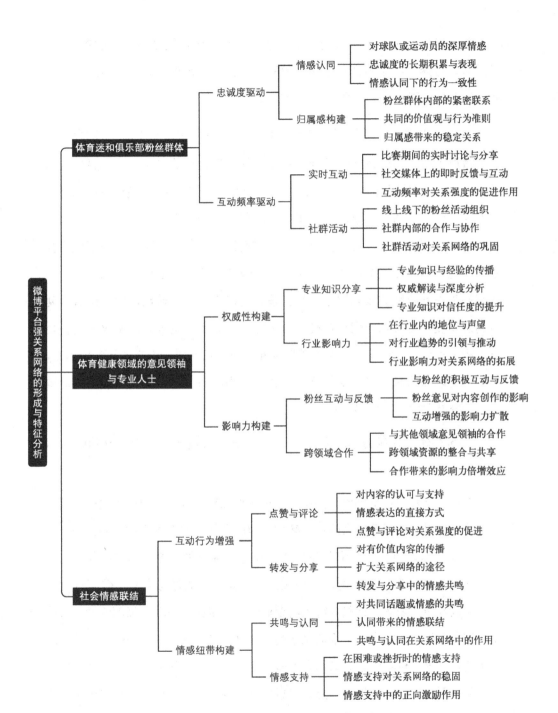

图 3-1 微博平台强关系网络的形成与特征分析图

在微博平台上，强关系网络的形成是体育健康传播中一个关键的现象。通过对体育迷、意见领袖和社会情感联结的分析，可以深入理解这些强关系网络的形成机制及其对信息传播的深远影响。

1.体育迷和俱乐部粉丝群体：忠诚度与互动频率驱动的强关系网络

微博平台上的体育迷和特定俱乐部的粉丝群体形成了高度稳定且紧密的社交网络，这些群体因其共同的兴趣和热情而形成了一个高度互动的社交圈。体育迷群体通常通过频繁的互动来表达对俱乐部或运动员的支持，这种互动包括点赞、评论、转发赛事信息、讨论比赛细节等。这种高频互动不仅增强了粉丝之间的社交联结，还推动了信息的快速传播。粉丝群体的忠诚度是维系这些强关系网络的核心因素。扎根理论的研究显示，粉丝对俱乐部或运动员的忠诚度直接影响他们在社交平台上的互动频率。这种忠诚不仅体现在日常的线上互动中，还表现在对俱乐部事件、新闻和比赛的积极关注和传播上。高频的互动和信息分享，使得这些强关系网络中的信息传播速度更快，范围更广，容易引发二次传播和扩散效应。

2.体育健康领域的意见领袖与专业人士：权威性与影响力建构的核心网络

在微博平台的体育健康传播中，意见领袖和专业人士是强关系网络的核心建构者。意见领袖包括知名的体育教练、健康顾问、专业医生和运动员等，他们因其专业知识和行业地位而在微博上拥有大量的关注者和忠实粉丝。这些意见领袖定期发布高质量的体育健康内容，如科学的锻炼方法、健康饮食建议、疾病预防知识等。这些内容因其专业性和权威性而被粉丝高度信赖，形成了以这些意见领袖为中心的强关系网络。在这个网络中，意见领袖不仅是信息的主要传播者，也是信息的筛选者和验证者。他们通过精准的信息传递，指导粉丝群体形成健康行为和生活方式。意见领袖的言论在这些强关系网络中具有强大的影响力，他们的观点和建议往往能够引发广泛的讨论和传播（图3-2）。

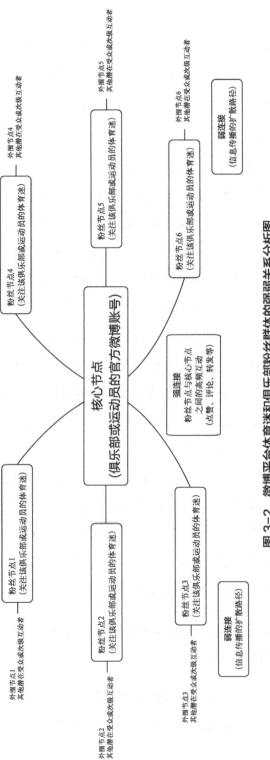

图 3-2 微博平台体育迷和俱乐部粉丝群体的强弱关系分析图

粉丝们在这些信息中找到可信赖的指导，进而形成长期的互动关系，这种关系不仅是基于内容的吸引力，更是基于对意见领袖专业性的认同和信任。

3. 社会情感联结：互动行为增强的情感纽带

社交媒体上的情感互动是强关系网络维系的重要因素之一。在微博平台上，用户之间的情感联结通过点赞、评论、转发等互动行为得以加强。这些互动行为不仅是对内容的反馈，更是用户之间情感交流的一种表现形式。研究表明，微博上的用户通过情感互动建立起深厚的关系，这种关系在体育健康传播中尤为显著。用户之间通过分享个人的体育健康经验、感受和成就，形成了一种共同追求健康生活方式的社会情感联结。这种联结不仅体现在对信息的接受和传播上，还反映在用户的健康行为和生活方式的相互影响上。情感联结的形成与深化，使得用户在接收体育健康信息时，更容易产生共鸣和认同感，从而增强信息的传播效果。情感互动不仅巩固了强关系网络，还推动了健康信息在这些网络中的深度传播。这种以情感为基础的互动关系，促使用户更积极地参与到健康传播中，形成了以健康生活方式为核心的社交圈层。

综上所述，微博平台上的强关系网络主要由体育迷群体的忠诚度与互动频率、体育健康领域意见领袖的权威性与影响力，以及用户间的社会情感联结所驱动。这些因素共同作用，形成了一个高度活跃且有效的体育健康传播网络。在这个网络中，信息不仅传播迅速，而且具有较强的深度和广度，能够有效促进用户的健康行为改变和健康生活方式的传播。

（二）微博强关系网络对体育健康传播的影响：精准性、深度与情感共鸣的关键作用

微博平台上的强关系网络在体育健康传播中发挥了至关重要的作用。这种网络不仅提升了信息传播的精准性和深度，还强化了社交关系和情感要素

对传播效果的影响。以下从三个主要方面详细展开分析。

1. 信息传播的精准性：高频互动与信任驱动的有效传播

在微博平台的强关系网络中，信息传播的精准性显著增强。这种精准性主要体现在用户之间的高频互动和相互信任上。强关系网络中的用户往往是长期互动的结果，这种互动不仅建立了稳固的社交关系，也培养了高度的信任感。因此，当体育健康信息在这些网络中传播时，信息的接受度和传播效果显著提高。

强关系网络中的用户通常是基于共同的兴趣和目标（如追求健康生活方式或支持某一体育俱乐部）聚集在一起的，这种共同兴趣使得信息的传播具有高度的针对性。当意见领袖或专业人士发布一条关于健康饮食的建议时，这条信息会迅速传播到那些对健康生活方式感兴趣的用户群体中。而这些用户因为信任信息发布者，往往会直接采纳这些建议，并可能在自己的社交圈中进一步传播。这种精准性还表现在信息的传播效率上。由于强关系网络中的用户之间已经建立了稳固的信任基础，信息在传播过程中会减少质疑和筛选的步骤，直接传递到目标受众手中。这种快速、高效的传播方式确保了体育健康信息能够在短时间内到达有需求的用户群体，从而使信息达到最大化的传播效果。

2. 传播内容的深度与广度：多层验证与经验分享的内容丰富性

微博强关系网络不仅提高了信息传播的精准性，还显著增强了传播内容的深度与广度。强关系网络的特性使得体育健康信息能够在多次验证、讨论和经验分享中得到不断丰富和深化。

强关系网络中的信息传播具有多层次的验证机制。在这些网络中，用户往往会对接收到的信息进行讨论和验证。例如，一条关于锻炼方法的建议发布后，用户可能会在评论区分享自己的实际经验，讨论方法的有效性和适用性。这种多层次的讨论不仅增加了信息的可信度，还提升了信息的科学性和实用性。通过这种不断的验证和反馈，传播内容的质量和深度得以提高。强关系网络还使得传播内容的广度得到保障。由于这些网络的扩散性，信息可以迅速传播到更广泛的用户群体中。而在传播过程中，用户往往会根据自己的经验和知识对信息进行补充和扩展。例如，一条关于健康饮食的建议可能会引发用户分享自己的食谱、饮食习惯或健康食材选择，这些分享进一步丰富了原始信息的内涵，使得内容更加全面和实用。

总的来说，强关系网络中的传播内容不仅在广度上得到了扩展，更在深度上表现出高质量和丰富性。这种内容的丰富性确保了体育健康信息能够更好地满足用户的需求，并在更广泛的社交圈中得到传播和推广。

3.社交关系和情感要素的关键影响：情感共鸣推动体育健康行为改变

微博平台的强关系网络中，社交关系和情感要素成为影响信息传播效果的关键因素。这些要素不仅增强了信息的接受度，还在推动体育健康行为改变中发挥了重要作用。

首先，强关系网络中的社交关系建立在频繁的互动和高度的信任基础上，这种关系使得信息传播的效果更为显著。用户在接收到来自可信任的意见领袖或熟人群体的健康信息时，更容易产生共鸣和认同感。这种认同感不仅增加了信息的接受度，还促使用户积极参与到健康行为中。例如，当用户看到他们信任的朋友或意见领袖分享了关于健康锻炼的积极成果，他们更有可能受到鼓舞，开始自己的健康之旅。

其次，情感要素在强关系网络中的作用尤为突出。微博平台上的情感互动，如点赞、评论和转发，不仅是一种信息传播的手段，更是一种情感表达的方式。用户通过这些情感互动，表达对信息的认可和支持，这种支持反过来又增强了信息的传播效果。在体育健康传播中，这种情感支持尤其重要，因为健康行为的改变往往需要长期的坚持和外界的鼓励。通过强关系网络中的情感联结，用户能够获得更多的社会支持，增强坚持健康生活方式的动力。

总之，社交关系和情感要素在微博强关系网络中扮演了关键角色。它们不仅提高了信息的传播效果，还在推动用户的健康行为改变和长期坚持上，发挥了不可替代的作用。

通过对微博强关系网络的分析，可以清楚地看到其在体育健康传播中的深远影响。精准的信息传播、丰富的内容深度与广度，以及社交关系和情感要素的推动作用，共同构成了一个高效且有力的传播机制。这种机制不仅提高了信息的传播效果，还促进了用户的健康行为改变和生活方式的转变。

二、微信平台的弱关系网络分析

微信作为我国最大的社交平台之一，以其封闭式、私密性强的社交属性著称。在微信平台上，信息传播通常发生在熟人之间的小范围社交圈子中，这种传播模式形成了明显的弱关系网络。弱关系网络与微博的强关系网络不同，具有更为松散的结构和更为广泛的潜在影响力。以下将从弱关系网络的形成、特征以及其对体育健康传播的影响等方面进行详细分析。

（一）微信平台弱关系网络的形成与特征

1. 私人社交圈与熟人传播：弱关系网络的基础

微信的核心功能之一是私密的聊天和朋友圈，这使得其信息传播主要发生在熟人之间的小范围内。微信用户通常与家人、朋友、同事等熟人进行信息交流，这些交流形成了一个个小规模的社交网络。由于这些网络的封闭性和私密性，信息的传播范围相对有限，且用户间的互动频率较低，形成了典型的弱关系网络。

这种弱关系网络的一个重要特征是用户间的社交联系较为松散，且多以情感维系为主。相比微博上的强关系网络，微信用户之间的互动多为偶发性、低频率的交流，主要以日常生活的点滴分享和情感互动为主。这种互动模式导致信息传播的深度和广度有限,但也因此赋予了微信平台一种特殊的传播特质,即信息的精准性和针对性。

2. 点对点传播与精准推荐:信息传播的碎片化

在微信平台上,信息传播往往呈现出点对点的模式。用户通过微信聊天、朋友圈、群聊等方式,以直接或间接的形式传播信息。这种点对点的传播方式导致信息在不同用户之间的传递过程中可能发生多次中断或延迟,信息的传播速度相对较慢,内容的覆盖面较窄。

尽管如此,微信的弱关系网络也具备一定的传播优势,即信息的精准性。由于微信的社交圈通常以熟人为主,用户在接收到信息时,往往会基于对传播者的信任和熟悉度,对信息进行筛选和吸收。因此,在微信平台上传播的体育健康信息,尽管传播范围有限,但往往能够更精准地到达目标用户。这种信息传播的碎片化特征使得微信平台成为特定体育健康信息精准传播的重要渠道。

3. 群聊与兴趣群体:弱关系网络中的小圈子效应

微信的群聊功能为弱关系网络中的信息传播提供了一个重要载体。不同于微博的公开性,微信群聊通常是由兴趣相同、关系紧密的用户组成的封闭性社交圈。在这些小圈子中,信息传播虽然不具备广泛的覆盖面,但因成员之间的信任基础,信息的可信度和接受度较高。

在体育健康领域,这种群聊形式的弱关系网络有助于形成基于共同兴趣或目标的健康传播小圈子。如一些用户可能会加入由朋友、同事或健康爱好者组成的健身群、养生群等,这些群体通过群聊分享健康资讯、锻炼心得、饮食建议等内容。尽管这些信息的传播局限在群体内部,但由于成员间的相互支持和激励,信息的传播效果往往较为显著,并能在特定圈层内产生较大的影响力。

（二）微信弱关系网络对体育健康传播的影响：精准性、信任与圈层传播的作用

1. 信息传播的精准性：信任基础上的有效传播

微信平台的弱关系网络具有较高的传播精准性。由于信息主要在熟人之间传播，用户对于信息的接受和反馈往往基于对传播者的信任。因此，体育健康信息在微信中的传播往往能有效到达真正需要这类信息的用户群体。

这种精准性不仅体现在传播范围的有限性上，还体现在信息的高接受度上。用户在接收到来自熟人或可信群体的信息时，往往会更加重视，并有更高的可能性采取实际行动，如尝试新的锻炼方法或改变饮食习惯。这种基于信任的精准传播使得微信平台在促进用户健康行为改变方面具有独特的优势。

2. 信任与情感纽带：增强信息传播效果的关键因素

微信弱关系网络的另一个重要特征是信任与情感纽带在信息传播中的关键作用。用户之间的互动和信息分享，往往建立在长期的信任和情感关系之上。这种关系不仅增强了信息的传播效果，还使得用户更容易受到信息的影响。

在体育健康传播中，用户更倾向于接受来自熟人或朋友的健康建议，而非陌生人或公共平台的信息。微信平台上的这种信任机制，促使用户在接收到健康信息后，愿意尝试并分享自己的体验，从而进一步扩大信息在小范围内的传播效果。

3. 圈层传播与健康行为改变：小圈子效应的深远影响

微信平台的群聊功能使得弱关系网络中的圈层传播成为可能。在这些小圈子中，用户之间的互动和信息交换，更容易产生健康行为的改变。由于群体成员间的关系较为紧密，信息传播的效果往往较为显著。

这种小圈子效应在体育健康传播中尤为明显。群聊中的用户通过分享和讨论健康信息，不仅能增强彼此的健康意识，还能相互激励，共同实践健康

的生活方式。这种基于圈层的传播方式，尽管传播范围有限，但对用户健康行为的改变和坚持有着深远的影响。

微信平台的弱关系网络，凭借其精准性、信任基础和圈层传播的特性，在体育健康传播中发挥了重要作用。尽管信息传播的广度和速度较微博平台有所不及，但其在特定用户群体中的传播效果却更加显著。微信平台的这种弱关系网络，因其独特的传播模式和信任机制，为建构高效的体育健康传播网络提供了重要的参考和启示。

三、社交媒体平台特性对体育健康传播内容和形式的影响

社交媒体平台的不同特性对体育健康传播的内容和形式有着深远的影响。微博和微信作为两大主流社交媒体平台，分别以其独特的传播机制和用户互动模式，塑造了体育健康信息的传播方式和呈现形式。在这一小节中，我们将分析微博和微信平台的特性如何影响体育健康传播的内容和形式。

（一）微博平台的特性对体育健康传播内容和形式的影响

1. 开放性与信息广泛传播：简洁明了的内容形式

微博平台以其开放性和信息的广泛传播而著称。由于微博的公开属性，任何用户都可以发布和获取信息，这使得体育健康内容能够迅速覆盖大量用户。因此，在微博平台上，体育健康传播的内容通常简洁明了，易于快速传播和理解。

内容形式方面，微博上的体育健康信息往往以短文本、图片、视频和直播等形式呈现。这种形式的内容制作成本相对较低，且能够迅速引起用户的关注和互动。例如，知名体育博主或意见领袖发布的健康锻炼视频或饮食建议，通常通过简短的视频片段或图文结合的方式呈现，便于用户快速浏览和分享。

由于微博的信息流动性强，信息更新频率高，体育健康内容的发布者需

要不断推陈出新，以吸引用户的持续关注。这也导致微博平台上的体育健康内容通常以短期热点或话题性内容为主，强调内容的即时性和互动性。

2. 互动性与社交关系的强化：内容的社交性与参与性

微博的互动性也深刻影响了体育健康传播的内容和形式。在微博平台上，用户之间的互动频繁，内容的社交性和参与性尤为重要。体育健康信息的传播者往往通过引导用户点赞、评论、转发等方式，增强内容的参与度和互动性，从而提升信息的传播效果。

内容的社交性主要体现在与用户的互动设计上。例如，健康挑战、线上打卡、话题讨论等内容形式，能够激发用户的参与热情，形成广泛的互动和传播。这种形式的内容不仅吸引了更多的用户参与，还通过用户之间的互动进一步扩大了信息的传播范围。

微博的社交关系网络使得用户在接受和传播体育健康信息时，更加注重内容的社交属性。通过关注、点赞和转发，用户可以将自己感兴趣的健康信息分享给自己的社交圈，从而推动信息的进一步扩散。这种社交互动机制促使体育健康内容在微博平台上获得更大的传播效果。

（二）微信平台的特性对体育健康传播内容和形式的影响

1. 私密性与信息的精准传播：个性化内容与深度信息

与微博的开放性相比，微信平台以私密性和信息的精准传播为主要特征。微信的封闭性社交环境，使得体育健康传播内容更倾向于个性化和深度化。在微信平台上，体育健康内容往往是针对特定群体或个人需求量身定制的，具有较强的针对性和实用性。

内容形式方面，微信的私密性促使内容更适合长文本、深入分析、专业指导等形式。例如，微信公众平台的体育健康文章通常篇幅较长，内容更为详尽，涵盖科学的健康知识、详细的锻炼计划、饮食方案等。这些内容不仅能够满足用户对健康信息的深入需求，还能够通过微信的点对点传播方式，精准触达目标受众。

微信的朋友圈和群聊功能也使得体育健康传播内容能够更加私人化和个性化。用户在分享健康信息时，往往基于个人的兴趣和需求，选择与特定的朋友或群体分享。这种内容形式强调个性化的体验和深度的信息传递，有助于加强用户对信息的理解和应用。

2. 信任关系与情感联结：内容的可信度与情感共鸣

微信平台的另一个重要特性是基于熟人社交的信任关系和情感联结。这一特性使得体育健康传播内容在微信平台上更强调可信度和情感共鸣。由于微信用户之间的关系多为现实生活中的熟人，信息传播的基础是用户之间的信任，这使得体育健康内容的可信度成为关键。

内容形式方面，微信的体育健康传播通常通过长文本、语音消息、视频分享等方式，传递更具深度和可信度的健康信息。例如，专业健康人士或意见领袖通过微信文章或语音课程的形式，向用户传递科学的健康建议和指导。这种内容形式因为依托于信任关系，往往更容易被用户接受和实践。

微信平台的情感联结使得体育健康传播内容更注重情感共鸣。用户在接收健康信息时，往往希望与传播者或内容产生情感上的共鸣。例如，微信上的健康故事分享、个人经验交流等内容形式，通过情感化的叙述方式增强了信息的吸引力和感染力，促使用户更积极地参与和传播。

社交媒体平台的不同特性对体育健康传播的内容和形式产生了重要影响。微博平台的开放性和互动性促使体育健康内容以简洁、社交化、参与性的形式呈现，强调内容的广泛传播和即时互动。而微信平台的私密性和信任关系则促使体育健康内容更加个性化、深度化，强调内容的精准传播和情感共鸣。理解和利用这些平台特性，能够更有效地设计和优化体育健康传播内容，以更好地满足用户需求，提升信息传播效果。

第四节　社交媒体语境下体育健康传播模式建构

随着互联网的飞速发展，社交媒体已逐渐成为人们生活中不可或缺的一部分。在体育领域，社交媒体更是成为体育健康传播的重要渠道。微博、微信作为国内极具影响力的社交媒体平台，拥有庞大的用户群体和广泛的传播范围。据统计，微博月活跃用户数达几亿，微信月活跃用户数更是高达十几亿。在这样的背景下，以微博、微信平台为例，探索社交媒体语境下体育健康传播模式的建构，具有至关重要的现实意义。

一方面，社交媒体的信息传播速度快，能够让体育健康资讯在短时间内迅速传播到大量用户手中。例如，在体育赛事期间，微博上关于运动员的训练动态、健康饮食等内容，能够吸引众多粉丝的关注和转发，从而扩大体育健康知识的传播范围。另一方面，微信公众号通过推送专业的体育健康文章，为用户提供科学的锻炼方法和营养建议，增强用户的健康意识。同时，社交媒体还为用户提供了互动交流的平台，用户可以在微博上评论、点赞体育明星的健康生活方式，或者在微信朋友圈分享自己的运动成果，从而形成良好的体育健康传播氛围。综上所述，以微博、微信平台为例，研究社交媒体语境下体育健康传播模式的建构，对于推动体育健康事业的发展具有重要的价值。

一、研究方法与数据收集

（一）样本数据收集

1. 城市分层与抽样

首先，依据城市经济发展水平、人口规模和体育文化发展程度，将我国城市划分为一线城市、二线城市、三线城市和四线城市。

从每个层级城市中，按照地理位置（东部、中部、西部）进行分类。在各类别中随机抽取一定数量的城市，确保样本覆盖范围广且具有代表性。一线城市抽取4个，二线城市抽取6个，三线城市抽取6个，四线城市抽取4个。

2. 用户分层抽样

在抽取的每个城市中，按照年龄（15—25岁、26—35岁、36—45岁、46—55岁、55岁以上）、性别、职业（学生、上班族、退休人员等）进行分层抽样。根据城市人口比例确定每个分层的抽样数量。例如，在大城市中年轻群体占比相对高，抽样数量也相应增多。每个城市计划抽取100—200名用户，总共抽取2000名微信用户作为样本。

3. 数据收集方式与周期

线上问卷：利用专业的问卷调研平台设计问卷，并通过微信公众号、朋友圈、微信群等多种渠道广泛传播。同时，设置一定的奖励机制（如抽奖）来提高用户参与度。

线下问卷：在学校、社区、健身房、体育赛事现场、医院等与体育健康相关的场所，邀请用户现场填写问卷。

整个数据收集过程历时4个月，以确保收集到足够数量的有效问卷。在收集过程中，对问卷进行初步筛选，剔除明显不符合要求或数据缺失严重的问卷，最终获得有效问卷1800份（图3-3）。

样本	详情
城市分层	一线城市、二线城市、三线城市、四线城市
城市抽样数量	一线城市4个；二线城市6个；三线城市6个；四线城市4个
用户分层因素	年龄（15—25岁、26—35岁、36—45岁、46—55岁、55岁以上）、性别、职业（学生、上班族、退休人员等）
每个城市抽样数量范围	一线城市150—200名；二线城市120—180名；三线城市100—150名；四线城市80—120名
数据收集方式	线上：微信公众号、朋友圈、微信群等渠道发布问卷 线下：学校、社区、健身房、体育赛事现场、医院等场所填写
数据收集周期	4个月
有效问卷数量	1800份

图3-3 研究样本数据收集情况

4. 数据统计

运用描述性统计方法，对收集到的样本用户基本特征、微信使用习惯以及体育健康信息获取与传播行为等方面的数据进行汇总与整理。通过计算各年龄段、性别的用户比例，以及不同渠道获取信息的用户占比等具体指标，为后续分析勾勒出一幅整体的用户画像，初步呈现出不同维度下体育健康传播的大致轮廓，能够直观地了解各类数据的分布情况。

运用相关性分析，通过研究用户基本信息（如年龄、性别）与体育健康信息获取渠道、关注内容类型之间的关联，以及不同渠道使用频率与内容关注程度之间的相互关系，进而发现可能存在的潜在规律。

差异性分析：比较不同城市层级、年龄组、性别之间在体育健康信息传播模式上的差异，如一线城市和四线城市用户在信息获取渠道偏好上的差异。

差异性分析则聚焦于比较不同城市层级、年龄组、性别之间在体育健康信息传播模式上存在的差异。一线城市和四线城市用户在信息获取渠道偏好差异、不同年龄组的人群对于体育健康内容的关注重点的差别，通过对比分析，能够更精准地把握不同群体在体育健康传播中的独特表现，为制定有针对性的传播策略提供依据。

信效度检验：使用 SPSS 软件进行信度分析，计算 Cronbach's α 系数。本书中该系数达到 0.88，表明问卷具有较高的内部一致性。通过探索性因子分析和验证性因子分析来检验效度，确保问卷能够准确测量体育健康传播相关的概念和行为保证了基于这些数据所做分析和得出结论的可信度与有效性（图 3-4 至图 3-9）。

年龄区间	不足1小时	1—2小时	2—3小时	3—4小时	4—5小时	5小时以上	总计
15—20 岁	20	30	50	40	30	30	200
21—25 岁	30	50	80	70	40	30	300
26—30 岁	10	70	100	90	50	30	350
31—35 岁	20	40	60	70	40	20	250
36—40 岁	10	30	50	60	30	20	200
41—45 岁	5	20	40	50	20	15	150
46—50 岁	5	10	20	30	20	15	100
51—55 岁	0	5	10	15	10	10	50
56 岁及以上	0	5	10	15	10	10	50
总计	100	400	600	400	200	100	1800

图 3-4　用户基本信息与微信使用时长交叉统计分析（单位：人）

使用微信主要目的	是否关注体育健康内容（是）	是否关注体育健康内容（否）	总计
聊天	300	200	500
获取资讯	500	100	600
娱乐（游戏、短视频等）	200	200	400
工作 / 学习	100	50	150
购物支付	50	50	100
体育健康相关	800	0	800
其他	50	50	100
总计	1300	500	1800

图 3-5　微信使用主要目的与是否关注体育健康内容交叉统计分析（单位：人）

城市层级	微信公众号	朋友圈	微信群聊	微信视频号	微信搜索	总计
一线城市	450	350	300	150	100	1350
二线城市	300	250	200	80	50	880
三线城市	150	120	100	40	30	440
四线城市	100	80	100	30	20	330
总计	1000	800	700	300	200	3000

图3-6 不同城市层级与体育健康信息获取渠道交叉统计分析（单位：人）

职业类型	健身训练相关	体育赛事相关	健康养生相关	运动损伤相关	总计
学生	200	180	150	120	650
公务员	60	50	40	30	180
企业职工	350	300	250	200	1100
个体经营者	100	80	70	60	310
自由职业者	80	70	60	50	260
退休人员	50	40	30	20	140
无业	20	30	20	20	90
总计	900	800	700	600	3000

图3-7 不同职业类型与体育健康内容关注类型交叉分析（单位：人）

分享频率	觉得内容有用	内容有趣	希望帮助他人	为了社交	展示自己对体育健康的关注	其他	总计
从不	100	50	50	30	20	50	300
偶尔（每月1—3次）	250	150	150	100	80	70	800
有时（每月4—6次）	200	120	100	80	60	40	600
经常（每周1—2次）	150	100	80	60	50	30	470
频繁（每周3次及以上）	50	30	20	30	10	10	150
总计	750	450	400	300	220	200	2320

图 3-8　分享频率与分享原因交叉分析（单位：人）

年龄区间	非常信任	比较信任	一般	不太信任	不信任	总计
15—20 岁	50	80	40	20	10	200
21—25 岁	60	90	80	40	30	300
26—30 岁	80	100	100	40	30	350
31—35 岁	30	60	80	50	30	250
36—40 岁	20	50	70	40	20	200
41—45 岁	20	40	50	30	10	150
46—50 岁	10	30	40	10	10	100
51—55 岁	10	20	10	10	0	50
56 岁及以上	10	10	10	0	0	30
总计	300	500	600	300	100	1800

图 3-9　年龄与对不同信息来源信任度交叉分析（以官方体育机构微信公众号为例）（单位：人）

全面且细致的数据收集整理后，获取了大量丰富且具有代表性的样本信息，这些原始数据尚不能直接揭示社交媒体语境下体育健康传播模式所蕴含的规律与特点。为了挖掘出数据背后隐藏的深层次信息，我们运用数据分析方法，旨在将这些看似零散的数据进行整合、梳理，并通过严谨的逻辑推导，从中提炼出有价值的结论，以建构对体育健康传播模式更为清晰、准确的认知。

（二）样本数据分析

通过系统且严谨的数据处理与分析流程，得以从繁杂的数据中抽丝剥茧，逐步揭示出社交媒体语境下体育健康传播模式的诸多关键特征和内在规律，进而得出具有参考价值的结论，为后续深入探讨和完善这一传播模式奠定坚实的基础。

1. 用户画像与微信使用习惯

年龄与使用时长：从数据来看，年轻用户（15—30岁）对微信依赖程度较高，使用时长相对较长，尤其26—30岁用户在特定时长区间人数突出。这表明年轻群体对微信的依赖程度较高，为体育健康信息在该群体中的传播提供了更多机会。

使用目的与体育健康关注：以获取资讯和体育健康相关为主要使用目的的用户对体育健康内容的关注度最高。可见，当微信成为用户获取信息的重要途径时，体育健康类信息有较大的传播潜力。

2. 体育健康信息获取渠道偏好

城市层级与渠道：一线城市用户通过微信公众号获取体育健康信息的比例最高，而三、四线城市用户在各渠道的使用比例相对较低。这说明城市发展水平影响信息获取渠道的选择，发达城市用户更倾向于利用公众号这一相对专业的渠道。

整体渠道偏好：微信公众号是最主要的体育健康信息获取渠道，占比 55.56%，其次是朋友圈和微信群聊，这反映出用户既信赖官方或有组织的信息发布平台，也看重社交分享功能在信息传播中的作用。

3. 体育健康内容关注热点

不同职业与内容类型：企业职工对健身训练和体育赛事相关内容关注度较高，学生群体对各类内容的关注相对均衡。这体现出不同职业人群因生活方式和兴趣点的差异，对体育健康内容的需求有所不同。

总体关注情况：健身训练相关内容以 50% 的关注比例位居榜首，表明用户对自身身体素质提升的关注度较高，这为健身类信息的传播和推广提供了方向。

4. 体育健康信息分享行为分析

分享频率与原因：大部分分享者（分享频率为偶尔及以上）将"觉得内容有用"作为主要分享原因，这凸显了信息实用性在传播中的关键作用。同时，分享频率在偶尔（每月 1—3 次）和有时（每月 4—6 次）的用户较多，反映出用户分享行为具有一定的规律性，但并非十分频繁。

分享渠道与行为：朋友圈是最主要的分享渠道，说明其在社交传播中的核心地位。通过私信分享的人数相对较少，这可能与信息的私密性和分享对象的局限性有关。

5. 对信息来源的信任度分析

不同年龄与信任度：各年龄段对官方体育机构微信公众号的信任度存在差异，总体上年轻用户的信任度相对较高，但在不信任和不太信任的比例中，56 岁及以上用户占比较大。这提示在信息传播中，需针对不同年龄群体的信任特点进行内容和渠道优化。

各类信息来源的信任情况：用户对专业体育媒体微信公众号和医疗健康

机构微信公众号的信任度相对较高,这表明专业性在获取用户信任方面具有重要作用,信息来源的权威性会影响用户对体育健康信息的接受程度。

二、微信平台多元主体互动传播:身份融合与角色多元

(一)传播主体结构

在社交媒体语境下,以微信平台为例的体育健康传播模式中,传播主体呈现出多元化的特点,不同类型的传播主体在体育健康传播过程中发挥着各自独特的作用,且有着不同的受关注程度,以下是基于上述关注比例数据展开的具体分析(图3-10)。

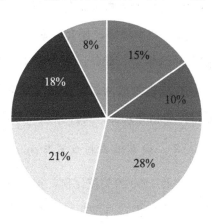

图3-10 传播主体结构比例图

1.专业体育媒体公众号:主导地位与专业引领

专业体育媒体公众号凭借其28%的高关注比例,在体育健康传播中占据

着主导地位。这类公众号往往汇聚了专业的体育记者、编辑以及各类体育领域的专家团队，他们具备深厚的体育专业知识和丰富的行业经验。在内容输出方面，专业体育媒体公众号能够提供全面且深入的体育赛事报道、专业的运动技巧讲解、权威的体育健康知识科普等内容。在大型体育赛事期间，它们不仅会实时跟进赛事进程，还会邀请专业教练对运动员的技术动作进行拆解分析，同时为普通大众提供如何通过日常锻炼提升类似运动能力的指导，凭借专业的内容吸引大量用户的关注与信赖，成为众多体育爱好者获取体育健康信息的首选渠道，在整个体育健康传播生态中起到了专业引领的重要作用。

2. 健身机构公众号：聚焦健身服务与实践指导

健身机构公众号以21%的关注比例成为体育健康传播中不容忽视的力量。它们的核心优势在于聚焦健身服务，能够紧密结合线下实际的健身课程、健身器械使用等情况，为用户提供具有实践性的健身指导内容。会定期推送适合不同身体状况、不同健身目标人群的训练计划，详细介绍各类健身动作的标准姿势、锻炼部位以及注意事项等，还会分享一些健身会员的成功案例，以激励更多人参与到健身活动中来。此外，健身机构公众号还常常通过线上互动，解答用户在健身过程中遇到的问题，与用户建立较为紧密的联系，满足了一部分用户想要通过专业指导来提升身体素质、塑造良好体形的需求。

3. 官方体育机构公众号：权威发声与政策导向

官方体育机构公众号有着15%的关注比例，虽然在关注程度上相较于专业体育媒体公众号略低，但它凭借自身的权威性在体育健康传播中有着不可替代的作用。作为官方性质的传播主体，它是体育政策、体育赛事官方消息等重要信息的权威发布平台。国家体育总局等官方机构的公众号会及时公布全民健身计划的相关政策内容、各类体育赛事的组织安排以及运动员选拔标准等，为广大体育从业者、爱好者以及普通民众提供准确、官方的信息参考，引导整个体育健康事业在正确的政策轨道上发展，其发布的信息往往具有较高的公信力，影响着人们对于体育健康方向的认知和参与热情。

4. 医疗健康机构公众号：健康保障与专业科普

医疗健康机构公众号的关注比例为 18%，它在体育健康传播中主要承担着健康保障与专业科普的重要职责。这类公众号依托专业的医疗团队，擅长从医学角度出发，为用户解读体育锻炼与身体健康之间的关系，提供运动损伤预防、治疗以及康复方面的专业知识。在常见运动损伤如肌肉拉伤、关节扭伤等方面，会详细介绍损伤的成因、症状表现以及对应的急救处理方法和后续康复训练方案，帮助用户在参与体育活动时能够科学合理地保护自己的身体，避免因不当运动造成健康损害，同时也为已经受伤的用户提供专业的恢复指导，是保障人们体育健康实践的重要知识来源。

5. 体育明星工作室公众号：明星效应与话题带动

体育明星工作室公众号占 10% 的关注比例，其最大的传播优势在于借助体育明星的名人效应来带动体育健康话题的传播。体育明星往往拥有庞大的粉丝群体，他们的生活方式、训练日常、饮食搭配等都备受粉丝关注。体育明星工作室公众号会抓住这一特点，发布明星的健身动态、参与体育活动的幕后故事等内容，吸引粉丝的目光，使得与之相关的体育健康话题能够迅速传播开来。例如，某位知名篮球明星在社交媒体上分享自己的康复训练过程，瞬间就能引发大量粉丝的讨论和转发，进而让更多人了解到相关的运动康复知识以及体育锻炼对于保持竞技状态的重要性，通过话题的热度拓宽体育健康信息的传播范围。

6. 民间体育达人公众号：贴近大众与趣味分享

民间体育达人公众号的关注比例为 8%。虽然关注度相对较低，但它有着贴近大众生活、分享趣味体育内容的独特魅力。这些民间体育达人通常来自普通民众群体，他们基于自身的体育爱好和实践经验，以更加接地气、通俗易懂的方式分享体育活动中的趣事、独特的运动体验以及一些简单易行的锻炼小窍门等。如一位热爱户外运动的达人会分享自己在登山过程中发现的绝美风景线路，以及在野外如何进行简单的体能锻炼来应对复杂路况等内容，让体育健康知识以一种轻松有趣的形式走进大众生活，更容易引发普通民众的共鸣，吸引那些希望以轻松心态参与体育活动的人们的关注，从而在一定程度上丰富体育健康传播的内容和形式。

综上所述，在社交媒体语境下的体育健康传播模式中，不同类型的传播主体各有千秋。它们相互补充、协同合作，共同建构起一个丰富多元的体育健康传播生态，满足了不同用户群体对于体育健康信息的多样化需求，为推动体育健康事业在微信平台乃至整个社交媒体环境中的蓬勃发展发挥着积极且重要的作用。

（二）传播主体特征

在社交媒体语境下的体育健康传播模式中，传播主体的多元化和协同互动构成了整个传播体系的核心。这种模式以社交媒体的开放性、互动性和情感驱动为特点，通过不同主体之间的协同作用，实现了从内容生产、信息传播到用户反馈的全链条互动。具体来说，传播主体在这一模式中呈现出以下特征。

1. 多主体协作的分工优化机制

在社交媒体平台上，传播模式不再依赖单一主体，而是由多元主体共同参与，实现分工合作。不同主体根据自身的资源和优势承担不同角色，相互支持、相互补充，形成完整的传播链条。这种模式通过各主体之间的分工协作，实现内容生产的多样化，满足了用户在专业性、趣味性、互动性等方面的多层次需求。

2. 用户互动驱动的自传播循环系

在社交媒体平台的传播模式中,用户不再是信息的被动接受者,而是主动参与者和传播者。用户通过点赞、评论、分享、参与活动等形式,直接影响信息的传播路径和广度。这种互动驱动的传播模式形成了一个自传播循环,使得信息能够通过用户的社交网络不断扩散,增加了传播的覆盖面和影响力。

3. 情感连接与信任建构的双向沟通

社交媒体传播模式中的一个关键特征是情感驱动和信任建构。通过与用户建立情感连接,各主体能够增强信息的吸引力和用户的参与度。通过分享真实的健康故事、用户的成功案例和情感化的内容,传播模式不仅传递了健康知识,还建立了用户对信息源的信任,促使用户更主动地参与和分享。

4. 线上线下结合的闭环传播

社交媒体的体育健康传播模式中,线上传播和线下实践相互结合,形成一个闭环的传播路径。线上传播的信息引导用户参与线下的健身活动、健康打卡等实际行为,反过来,线下实践的效果和反馈又促进了线上内容的更新和传播。这种闭环传播模式不仅提高了用户的参与深度,还增强了传播效果的持久性。

5. 数据驱动的精准传播与反馈优化

社交媒体平台的数据优势使得传播主体能够更精准地把握用户需求和兴趣,实现定制化、个性化的信息推送。通过数据分析,传播模式能够动态调整传播策略,针对不同用户群体提供差异化内容。用户的反馈数据也为传播内容的优化提供了依据,使得信息传播更具针对性和有效性。

三、微信平台内容情感化与视觉化传播：提升用户参与的关键策略

在社交媒体语境下，以微信平台为例的体育健康传播模式中，传播内容呈现出多样化的特点，不同类型的内容有着各异的受关注程度，这反映出用户在体育健康领域的多元需求。以下是基于上述关注比例数据展开的具体分析（图3-11）。

（一）传播内容结构

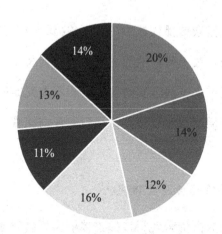

图3-11 传播内容结构比例图

1. 健身训练内容（各类）：核心聚焦与高关注度

健身训练内容以高达20%的关注比例成为最受用户关注的传播内容类型，这凸显出其在体育健康传播中的核心地位。在现代社会，人们越发重视自身

身体素质的提升以及良好体形的塑造，而各类健身训练内容恰好契合了这一普遍需求。无论是适合居家锻炼的简易健身操，还是健身房里专业器械的使用教程；无论是针对不同身体部位的力量训练，还是有助于提高身体柔韧性的瑜伽、普拉提等训练方法，都吸引着众多用户的目光。通过微信平台，专业健身教练、健身达人等传播主体以图文并茂甚至视频演示的方式，详细讲解动作要领、训练频率以及预期效果等内容，为广大体育健康爱好者提供了极具实用价值的指导，使其能够根据自身情况选择合适的健身训练方式，进而实现强身健体的目标。

2. 营养饮食搭配：健康基石与关键支撑

营养饮食搭配内容获得了16%的关注比例，这表明用户深刻认识到合理的饮食对于体育健康的重要性，其在整个传播内容体系中扮演着关键支撑的角色。体育锻炼与营养摄入相辅相成，科学的饮食结构不仅能够为身体提供充足的能量，保障运动过程中的体能消耗，还能助力运动后身体的恢复与肌肉的生长。相关内容会围绕不同运动目标（如增肌、减脂、提高耐力等）推荐相应的饮食计划，详细介绍各类食物所含的营养成分以及如何合理搭配主食、蛋白质、蔬菜、水果等。例如，为健身人群提供训练前后的最佳饮食搭配建议，为长跑爱好者推荐补充能量和维持体能的食物选择，帮助用户在追求体育健康的道路上通过饮食层面的合理规划实现更好的锻炼效果。

3. 运动损伤康复：保障安全与实用需求

运动损伤康复内容的关注比例达到14%，反映出用户对于在体育活动中保障自身身体安全以及应对可能出现的损伤情况的重视。无论是业余体育爱好者在日常锻炼中，还是专业运动员在高强度训练和比赛过程中，都面临着运动损伤的风险。因此，关于运动损伤康复的内容就显得尤为实用。这类内容通常由专业的医疗人员、康复专家等分享，涵盖常见运动损伤（如肌肉拉伤、关节扭伤、韧带损伤等）的成因分析、症状判断、紧急处理措施以及后续系统的康复训练方案等知识。通过微信平台传播这些内容，能够让用户在遇到相关问题时及时采取正确的应对方法，减少损伤带来的不良影响，尽快恢复身体机能，继续参与到体育健康活动中去。

4. 常见疾病预防：健康预防与广泛关注

常见疾病预防内容有着 13% 的关注比例，这体现了用户对于通过体育锻炼来预防各类疾病、维护整体健康状态的关注度较高。体育活动在增强体质的同时，对于一些常见疾病（如心血管疾病、糖尿病、肥胖症等）有着积极的预防作用。相关传播内容会深入讲解不同体育项目与疾病预防之间的关联，介绍如何根据自身身体状况选择合适的运动方式来降低患病风险，以及长期坚持体育锻炼过程中需要注意的健康事项等。例如，普及高血压患者适宜的运动强度和运动类型，告知人们如何通过适度运动来改善身体的代谢功能，预防糖尿病的发生，为用户在追求体育健康的过程中提供了疾病预防方面的专业指引。

5. 体育赛事深度报道：专业解读与深度需求

体育赛事深度报道内容的关注比例为 14%，说明在体育健康传播中，用户对于体育赛事背后深层次信息有着浓厚的兴趣和需求。体育赛事不仅是运动员在赛场上的竞技较量，其背后涉及众多方面，如赛事的组织筹备、运动员的训练背景、战术运用以及体育项目的发展趋势等。专业体育媒体、体育评论员等传播主体会通过深入采访、专业分析等方式，为用户呈现出一场场赛事的全貌，解读比赛胜负的关键因素，剖析优秀运动员的成长轨迹以及该项体育赛事在国际国内的发展态势等内容，满足体育爱好者们想要深入了解体育赛事专业知识、提升自身体育素养的愿望，使他们在欣赏精彩赛事的同时，能够从更深层次理解体育的魅力和价值。

6. 体育赛事娱乐化内容：轻松氛围与大众传播

体育赛事娱乐化内容获得了 12% 的关注比例，其在体育健康传播中起到了营造轻松氛围、吸引大众广泛参与的作用。这类内容往往聚焦于体育赛事中的趣味瞬间、运动员的场外趣事、体育明星的娱乐互动等轻松有趣的话题，通过幽默诙谐的文字、搞笑的图片或短视频等形式进行传播。它降低了体育赛事在大众眼中的严肃感和专业性门槛，让更多原本对体育不太关注的人也能被吸引过来，从而扩大了体育健康信息在更广泛群体中的传播范围，使体育以一种更加亲和、有趣的形象走进大众生活，激发更多人参与到体育健康相关活动中来。

7. 心理健康维护：身心并重与新兴焦点

心理健康维护内容有着 11% 的关注比例。虽然相对其他部分内容比例稍低，但反映出体育健康传播领域一个新兴的关注焦点，即人们逐渐意识到体育活动对于心理健康的重要性，开始重视身心并重。在现代快节奏的生活中，压力、焦虑等负面情绪普遍存在，而体育锻炼被证实是缓解这些不良情绪、提升心理健康水平的有效途径之一。相关传播内容会介绍不同体育项目对心理状态的积极影响，如跑步如何释放压力、团队运动怎样增强人际交往和团队协作能力进而改善社交焦虑等，同时还会分享一些通过体育锻炼进行心理调适的方法和技巧，引导用户在关注身体健康的同时，也注重利用体育活动来维护心理健康，实现全面的健康发展。

综上所述，在社交媒体语境下的体育健康传播模式中，不同类型的传播内容各有侧重、各显其能。它们从多个维度满足了用户对于体育健康的多样化需求，共同构成了一个丰富且实用的内容体系，为推动体育健康事业在微信平台上的持续发展发挥着不可或缺的作用。

（二）传播内容呈现模式

1. 情感化与视觉化驱动的内容呈现模式

（1）情感化驱动

传播主体深知情感共鸣对于吸引用户参与传播的重要性，会在各类体育健康传播内容中融入情感元素。例如，在健身训练内容里，强调通过锻炼实现强身健体、塑造良好体形等目标，契合用户对自身健康和形象提升的期待，引发积极的情感回应；在心理健康维护内容中，聚焦体育活动缓解压力、焦虑等负面情绪的作用，触动现代快节奏生活中人们渴望改善心理状态的情感需求。通过这种情感驱动，增强用户的心理认同，使用户更愿意主动参与到内容的传播与互动中，从而推动体育健康信息在社交媒体上的扩散。

（2）视觉化呈现

充分利用社交媒体平台支持多种可视化形式的优势，将传播内容以图片、短视频、直播等方式展现给用户。像健身训练内容采用视频演示动作要领，使复杂的动作变得直观易懂；体育赛事娱乐化内容借助搞笑图片、短视频传播趣味瞬间，增强内容的吸引力和趣味性。可视化的内容更契合社交媒体用户快速浏览、获取信息的习惯，能够在海量信息中迅速抓住用户的注意力，提高内容被关注和分享的概率，成为传播内容吸引用户参与的重要手段之一。

2. 基于用户多元需求的内容分层传播模式

（1）核心聚焦层：满足强身健体需求

以健身训练内容为核心，其高达20%的关注比例反映出用户对提升身体素质、塑造体形的强烈需求。针对这一需求，传播主体提供从简易居家锻炼到专业健身房训练等多样化、实用性强的内容，以满足不同层次用户在体育健康实践方面的核心诉求，形成围绕健身训练这一重点的传播聚焦，成为整个传播内容体系的核心层次。

(2) 关键支撑层：助力健康保障与提升

营养饮食搭配、运动损伤康复以及常见疾病预防等内容构成了关键支撑层。这些内容的关注比例虽不及健身训练内容，但对于体育健康同样不可或缺。它们分别从饮食保障运动能量与恢复、应对运动损伤风险以及通过体育锻炼预防疾病等角度出发，为用户在追求体育健康的过程中提供全方位的知识支持，与核心的健身训练内容相互配合，共同保障用户体育健康实践的科学性和持续性。

(3) 拓展延伸层：丰富体育健康维度

体育赛事深度报道、体育赛事娱乐化内容以及心理健康维护等内容则属于拓展延伸层。体育赛事深度报道满足体育爱好者对赛事背后专业知识的深度需求，提升其体育素养；体育赛事娱乐化内容吸引更多大众关注体育，扩大传播范围；心理健康维护则引导用户重视身心并重的全面健康发展。这部分内容从不同维度拓展了体育健康的内涵，满足用户更广泛、多样化的兴趣和需求，使整个传播内容体系更加丰富立体。

3. 多主体参与的协同传播

在社交媒体语境下，不同类型的传播主体各司其职，共同参与体育健康传播内容的传播。专业健身教练、健身达人负责分享健身训练内容，凭借自身实践经验和专业知识为用户提供实用指导；专业的医疗人员、康复专家主导运动损伤康复内容的传播，保障信息的专业性和权威性；专业体育媒体、体育评论员聚焦体育赛事深度报道，展现其专业解读能力；各类创作者通过挖掘体育赛事中的趣味元素制作娱乐化内容，扩大受众群体；同时，更多关心心理健康领域的专业人士也参与到心理健康维护内容的传播中。这些传播主体在各自擅长的内容领域发挥优势，相互协作补充，共同推动体育健康传播内容在社交媒体平台上的传播，满足不同用户群体对各类体育健康信息的获取需求。

4.以用户参与互动为导向的循环传播

传播内容通过社交媒体平台发布后，首先凭借情感化和视觉化手段吸引用户关注、参与互动，用户可能会对感兴趣的内容进行点赞、评论、分享等操作。这种互动行为不仅使内容在用户的社交圈子中进一步扩散，吸引更多潜在用户参与，还会反馈给传播主体，传播主体根据用户的反馈（如评论中提出的疑问、对内容形式的喜好等），对后续传播内容进行优化调整，生产出更贴合用户需求的内容，再次投入社交媒体平台进行传播，如此形成一个以用户参与互动为导向的循环传播过程，不断提升传播效果，持续满足用户的多样化需求，推动体育健康传播在社交媒体语境下的良性发展。

综上所述，在社交媒体语境下的体育健康传播模式是一个集情感化与视觉化驱动、基于用户多元需求分层、多主体协同以及以用户参与互动为导向循环传播等多种特点于一体的综合模式，各要素相互配合、相互影响，共同促进体育健康信息在社交媒体平台上广泛且有效地传播。

四、微信平台社交媒体联动场景传播：建构闭环助力用户行为改变

在当今数字化浪潮汹涌澎湃的时代背景下，体育健康传播领域正经历着前所未有的变革。线上渠道凭借其便捷性、即时性与广泛的覆盖面，打破了信息传播的时空限制；而线下场景则以其真实的体验感、面对面的互动性，深深扎根于人们的生活之中。二者各有优势，却又并非孤立存在，于是一种创新性的场景联动的闭环传播模式应运而生。它聚焦于线上线下的深度融合，致力于通过这种协同作用，切实提升用户行为改变，开启体育健康传播新生态的大门。在社交媒体语境下，体育健康传播通过建构场景联动的闭环传播模式，充分发挥线上线下融合的优势，以实现提升用户行为改变的目标，具体如下（图 3-12）。

体育健康传播不同渠道及场景	信息获取/参与比例（标准化后）	平均互动情况	平均停留时长（分钟）	对行为改变的影响程度（高、中、低）
公众号推送与个性化推荐	29%	—	—	中
朋友圈	23%	5次以上转发	—	中
微信群聊	21%	10次以上讨论	—	中
线上健康讲座直播	8%	实时提问、弹幕互动、点赞	45	高
线上健康话题打卡挑战	10%	打卡分享、评论鼓励、相互监督	15（每日累计）	中
线下健身活动体验	7%	现场咨询、参与实操、同伴交流	90	高
线下健康科普展览	2%	参观讲解、资料领取、现场问答	30	中

图 3-12　社交媒体传播场景互动统计表

（一）社交媒体联动场景的布局

1. 线上场景

公众号推送与个性化推荐：凭借高达 29% 的信息获取比例，成为传播体育健康信息的重要基础渠道。它能够依据用户的浏览历史、兴趣偏好等进行精准推送，向海量用户传递专业、系统的体育健康知识，如健身教程、营养科普、赛事资讯等内容，满足用户多样化的信息需求，为后续的互动和行为引导奠定基础。

朋友圈：以 23% 的信息获取比例以及平均 5 次以上转发的互动热度，发挥着社交传播的关键作用。用户在这里分享自己感兴趣的体育健康内容，借助社交关系链实现信息的扩散，其分享行为往往带有个人认可与推荐的意味，容易引起身边朋友的关注和进一步传播，扩大信息覆盖面的同时，也营造了一种体育健康的社交氛围。

微信群聊：有着21%的信息获取比例且平均10次以上讨论，是用户深度交流体育健康话题的场所。在这里，大家可以针对特定的健康问题、健身经验、赛事观点等展开热烈讨论，不同的见解相互碰撞，不仅加深了用户对体育健康知识的理解，还增强了用户之间的联系和群体认同感，激励用户更加积极地参与到体育健康相关活动中。

线上健康讲座直播：参与比例达8%，平均停留时长为45分钟。通过实时提问、弹幕互动、点赞等活跃的互动形式，为用户提供了与专业人士（如健身教练、健康专家、体育评论员等）直接交流的机会。专家在直播中可以实时解答用户的疑问，传授专业知识和技能，引导用户树立正确的健康观念和行为方式，因其互动的即时性和专业性，对用户行为改变有着较高的影响程度。

线上健康话题打卡挑战：有10%的参与比例，虽然每次停留时长相对较短（每日累计15分钟），但通过打卡分享、评论鼓励、相互监督等互动形式，培养用户持续参与体育健康活动的习惯。用户在参与挑战的过程中，将健康行为融入日常生活，并通过分享和互动获得他人的认可与支持，形成一种积极的反馈机制，激励自己坚持下去，对行为改变起到中等程度的影响作用。

2. 线下场景

线下健身活动体验：参与比例为7%，平均停留时长可达90分钟。这一场景让用户亲身参与到实际的健身活动中，通过现场咨询专业教练、亲自参与实操锻炼以及与其他参与者进行同伴交流，将线上获取的理论知识转化为实际行动，真切感受体育锻炼带来的身体和心理变化。这种沉浸式的体验对于用户养成长期的健康行为习惯具有很强的推动作用，对行为改变的影响程度高。

线下健康科普展览：参与比例为 2%，平均停留时长 30 分钟。通过参观讲解、资料领取、现场问答等形式，以直观、形象的展示方式向用户传播体育健康知识，补充线上传播可能存在的不足，让用户在现场获取更深入、更细致的信息，加深对体育健康理念和方法的认知，对用户行为改变起到中等程度的影响。

（二）社交媒体联动场景的传播特点与作用机制

1. 线上场景多元互动，奠定信息与社交基础

线上的社交媒体场景各具特色且相互协同，共同建构起体育健康信息传播的网络。公众号推送与个性化推荐凭借精准性，为广大用户提供了丰富且贴合需求的体育健康知识体系，是整个传播链条的信息源头。确保不同兴趣爱好的用户都能接收到与之相关的内容，从根本上满足了用户对知识的渴望，为后续互动埋下伏笔。

朋友圈则凭借其强大的社交属性，以用户自主分享、转发的方式，使体育健康信息沿着社交关系链自然扩散。这种基于人际关系的传播模式，赋予了信息更高的可信度和亲和力，使得更多人愿意主动去关注和了解相关内容，营造出浓厚的体育健康社交氛围，让体育健康话题融入日常社交生活之中。

微信群聊作为深度交流的平台，鼓励用户针对各类体育健康话题展开讨论。在交流过程中，不同观点的碰撞不仅加深了个体对知识的理解，更增强了用户之间的群体认同感，使得体育健康不再是个体的行为，而是成为一种群体共同关注和参与的活动，进一步激发了用户积极投入体育健康相关活动的热情。

2. 线上线下联动互补，强化行为改变影响

线上健康讲座直播和线上健康话题打卡挑战通过不同的互动形式，分别

从专业知识传授与行为习惯培养两个角度发力。讲座直播为用户提供了与专业人士直接对话的窗口，借助即时互动解决实际疑问，引导用户树立正确观念，以专业性推动用户在认知层面上做出改变；打卡挑战则侧重于实践层面，通过打卡分享等互动营造积极反馈机制，促使用户将健康行为融入日常，逐步养成习惯。

线下健身活动体验和线下健康科普展览则进一步弥补了线上传播的局限性。线下健身活动体验让用户亲身实践，在专业教练指导和同伴交流中切实感受体育锻炼的益处，这种沉浸式体验能够深度触动用户，使其从认知转化为实际行动，对养成长期健康行为习惯有着不可替代的作用；线下健康科普展览以直观展示的方式，补充线上传播可能存在的信息深度不足的问题，让用户获取更细致、深入的知识，为行为改变提供更坚实的认知基础。

（三）社交媒体联动场景的闭环传播模式

1. 信息传递闭环

从公众号推送作为信息起点，将体育健康知识广泛传播出去，到朋友圈、微信群聊等对信息的二次传播和扩散，使得信息覆盖面不断扩大。随后，线上健康讲座直播、打卡挑战等形式进一步深化用户对信息的理解与运用，最后通过线下健身活动体验和科普展览，将信息具象化、实践化，再反馈回线上，以用户的分享、讨论等形式形成新的传播素材。如此循环，构成了一个完整的信息传递闭环，确保体育健康信息在不同场景中持续流转、不断更新，始终保持对用户的吸引力和影响力。

2. 行为引导闭环

线上场景通过多样化的互动方式，如讲座直播中的专业引导、打卡挑战中的习惯培养等，激发用户产生改变行为的意愿。而线下场景则承接这种意愿，通过实际体验和直观学习，帮助用户将意愿转化为具体的健康行为。之后，用户又会将这些行为体验反馈到线上，通过在朋友圈、微信群聊中的分享等行为，影响身边的其他人，形成一种示范效应，进一步带动更多人参与到体育健康行为改变中来，从而完成行为引导的闭环，不断扩大体育健康行为改变的群体范围。

3. 反馈互动闭环

在整个社交媒体联动场景中，用户在各个环节都能进行反馈互动。在线上，通过评论、提问、点赞等方式与平台、专家以及其他用户交流；在线下，通过现场问答、同伴交流等形式表达自己的感受和想法。这些反馈信息又会被传播主体所收集，进而根据用户需求和反馈对传播内容、活动形式等进行调整优化，再次反馈给用户，形成一个动态的反馈互动闭环，保证传播模式始终契合用户需求，更好地助力用户行为改变。

通过对社交媒体联动场景的闭环传播模式研究发现，这种多场景联动、线上线下互补的传播方式，在助力用户行为改变方面展现出显著优势。各个场景发挥着独特的功能，且相互配合、协同增效，形成了信息、行为引导以及反馈互动的闭环，使得体育健康信息能够深度触达用户，并有效引导其从认知到行动的转变，最终养成健康行为习惯。不同场景在参与比例、停留时长以及对行为改变的影响程度上虽各有差异，但正是这种差异构成了一个有机的整体，满足了用户在不同阶段、不同层面的需求。

然而，也应注意到该传播模式存在一定的挑战。线上信息传播可能面临信息过载与准确性的问题，部分用户可能因大量信息而难以筛选出真正有用的内容；线下场景受地域、时间等因素限制，参与人群相对有限，覆盖面有待进一步扩大。同时，各场景之间的衔接与协同还需要更加流畅，以确保用户在不同场景转换过程中能够无缝对接，获得连贯的体验。

基于上述研究，社交媒体联动场景的闭环传播模式为体育健康传播提供了一种极具潜力的发展路径。在未来的实践中，传播主体应进一步优化各场景的功能，加强对线上信息的筛选与精准推送，提升线下活动的组织与推广，强化场景之间的联动协同，以克服现有挑战。

此外，还需关注用户个体差异，根据不同用户群体的特点和需求，定制更加个性化的传播内容与活动形式，进一步提高该闭环传播模式对用户行为改变的助力效果。同时，随着技术的不断发展，应积极探索如何将新技术融入各个场景中，利用人工智能提升信息推荐精准度，借助虚拟现实增强线下活动体验等，持续创新和完善这一传播模式，使其在推动体育健康事业发展、促进全民健康行为养成方面发挥更大的作用。

五、微信平台数据赋能精准传播：反馈优化下的健康信息定制推送

在社交媒体蓬勃发展的当下，体育健康传播面临着新的机遇与挑战。微信平台作为极具影响力的社交媒体代表，汇聚了海量用户，承载着丰富多样的体育健康信息。在现代体育健康传播中，数据驱动的精准化传播是提升用户体验与效率的重要手段。通过大数据分析和反馈优化，微信平台可以实现定制化的健康信息推送，为用户提供更具个性化、相关性的内容，从而促进用户的持续参与与行为改变。

（一）从数据采集到用户画像建构：精准化体育健康传播的基石

1. 多样化的数据采集源：用户行为的全视角刻画

（1）线上数据采集：丰富的行为数据挖掘

在微信生态系统中，线上数据采集是建构用户画像的核心。通过对微信公众号、微信运动、朋友圈及微信群聊等多渠道的综合分析，可以实现对用户多层次行为的全面了解。

① 用户行为数据

微信公众号的阅读和互动数据提供了用户对不同健康信息偏好的直接证据。用户通过对文章的浏览、点赞、评论以及分享等行为，无意间揭示了他们对各类健康主题的兴趣。通过数据挖掘技术和行为分析，可以识别出不同用户对特定健康话题的关注热度及偏向性。

② 社交互动数据

微信运动和朋友圈数据则为用户社交行为的解读提供了基础。微信运动中步数记录及锻炼日志，其变化趋势可以反映出用户的运动量和健康意识水平。朋友圈的互动记录，包括但不限于健康内容的转发、评论及点赞，刻画出了用户在社交圈中的影响力和话题传播力。这种通过社交关系链实现的信息扩散能够揭示用户之间的健康观念的传播动力。微信群聊提供了一个深度互动的平台。在微信群中，用户围绕健康话题的交流频次、信息共享的广度及深度都可以通过对话数据分析得出。这一检测不仅揭示了用户的知识传播行为，还能发现健康信息在哪些情境下更易于被讨论和接受。

③ 用户基本信息数据

通过微信授权获取的部分基本信息，如年龄、性别、地域等，同样是建构用户画像的重要组成部分。不同年龄段、性别的用户往往在体育健康需求和偏好上存在差异，而地域因素可能影响当地流行的体育活动形式以及健康观念。

（2）线下数据补充：体育健康活动行动的追踪

线下数据采集是线上数据的重要补充，通过健康活动参与记录和可穿戴设备数据，平台可以获取更加具体的用户健康行为实践数据，特别是线下健康活动的参与频率作为关键指标，反映了用户的真实健康行为倾向。定期参与线下活动的用户，往往有较高的健康动机与健康目标，这些数据补充了用户画像的动态生活方式特征。可穿戴设备的数据如步数、心率以及睡眠质量等，为用户的日常健康状况提供了数据支持。这些生物数据使用户画像在健康需求预测方面更具准确性，为后续个性化建议的实施提供了扎实的数据基础。

2. 用户画像的精准描绘：推动个性化体育健康服务

（1）数据整合与用户行为模式分析

用户画像建构的首要步骤在于整合复杂的多维数据，并通过高级分析方法来识别用户行为模式。通过聚类分析、关联规则挖掘及机器学习模型，平台能识别出用户特定的内容偏好和消费习惯。在这一过程中，用户的关注点、受众特征以及其在平台上不同渠道的行为模式被系统识别和标记。例如，某些用户可能会对运动健身帖表现出较高的互动，而另一些用户则倾向于分享关于营养和医疗保健的文章。这种行为模式的区别为体育健康服务的精细化提供了基础。

（2）应用场景与个性化推荐系统

基于用户画像的精准分析结果，微信平台能够实施更加精细化的内容推送策略，实现个性化服务的递进。在不同场景下提供的体育健康内容，可以通过用户画像进行极致定制。

个性化内容推荐系统通过智能算法将用户特定的体育健康需求与平台的内容资源高效匹配，推送符合用户兴趣的体育健康方案、健身计划或营养建议，不仅提高了用户的接受度，也增强了信息推送的有效性。用户画像的建构和动态更新支持了平台精准营销的策略制定。通过了解个体用户群体的细分特征，能够在广告投放时实现更高的转化率和ROI。这不仅提高了平台的经营绩效，也增强了用户体验的个性化服务认同。

建构精准用户画像的价值在于提升个性化健康服务的能力，确保信息推送的相关性和时效性。个性化传播策略通过针对用户特征的精细洞察，不仅实现了媒体传播模式的创新，更推动了整体体育健康传播架构的智能化升级。

（二）数据反馈机制的闭环优化：提升体育健康传播的响应性与精准度

在快速变化的数字健康传播环境中，实时数据反馈和动态优化机制已成为服务个性化与内容精准化推送的核心要素。通过对用户行为的细致监测与兴趣变化的及时掌握，平台能够在信息传递过程中形成自我调整与优化的反馈闭环，确保体育健康传播的内容始终与用户需求紧密对接。这一机制不仅提升了信息传递的时效性与精准性，也在用户与平台之间建立了积极的互动关系。

1. 用户行为监测的即时性

实时数据反馈的重要性在于能够快速捕捉用户在互动过程中的细微变化。通过监测关键指标（如点赞数、分享次数和页面停留时长），微信平台可以直接分析用户对具体内容的响应情况。这种即时监测帮助平台判断不同内容类型或具体内容对用户吸引力的高低，从而识别出热点内容与冷门话题。

用户行为的动态监测不仅是对静态数据的查看，更应追踪用户的行为轨迹变化。例如，某一时间段内用户对特定类型体育健康内容的兴趣骤增，可能是由于新兴体育健康趋势的引发或群体事件的影响，通过监测用户的行为数据，平台可以及时调整内容主题和推广策略以保持关注度。

2. 基于数据的内容推送动态性

人工智能和高级算法提供的技术能力，使得微信平台能够对大量的用户数据进行深入地学习与分析。在用户反馈数据的基础上，算法模型可分析用户的偏好模式与兴趣变化趋势，从而自行调整个性化推送策略。具体来说，基于实时分析的数据结果，平台可以更新其内容推送的兴趣标签。通过对比不同类型内容的用户互动数据，平台识别出哪些内容需要增加推送强度，哪些可以减少曝光。动态调整不仅体现在内容选择上，也在推送的时间节点及频次上进行优化，确保在用户最易接收的时机完成传播，从而提高接受率与参与度。

3. 用户参与的反馈积极性

用户参与反馈不仅是针对内容接受度的调研，更是用户维持长期互动的重要因素。平台通过积分、奖励制度以及参与排名等激励手段，主动激发用户提供反馈的意愿。在此机制中，用户通过参与内容评价、完成体育健康任务及分享个人体验等行为，能够获得相应的积分，这不仅提升了用户的参与动机，同时也鼓励了更丰富的数据采集。积分系统通过可兑换奖励和等级提升机制，让用户看到参与反馈所带来的实质好处，增强用户忠诚度和平台的竞争优势。此外，通过举办用户间的体育健康活动竞争排名，也能促使用户积极进行反馈与参与，营造积极的社区氛围。

为了获得更有针对性的用户意见，平台还需提供直接反馈渠道，如定期开展用户问卷调查和意见收集。此类渠道不仅提供了对内容定性反馈的重要数据来源，还帮助平台发现用户体验中的痛点与需求缺口。根据反馈数据，平台能够优化现有的推送策略，定制更加个性化的推送内容组合。通过分析反馈结果所揭示的用户需求，平台可以调整其服务范围与内容深度，进一步提升用户满意度与依赖性，确保体育健康信息传播的持续影响力。

数据反馈机制的闭环优化是实现精准体育健康传播的核心驱动力。通过结合实时行为监测与用户反馈激励，平台得以在用户需求的变化中进行灵活调整，以最高效的方式推动体育健康内容的传播。长期来看，这种反馈机制将汇聚更大量、更有效的数据资源，使平台逐渐形成动态、智能化的健康传播生态，为每个用户提供最优质、最个性化的体育健康服务体验。

通过持续的用户画像完善与数据驱动的反馈优化，微信可以更加精准地满足不同用户对健康知识的需求与行为动机。最终，这种基于数据的传播优化不仅促进了用户的积极参与和体育健康行为塑造，也在更大范围内助力了体育健康文化的普及与社会责任的实现。

（三）定制化健康信息的精准推送：实现个性化体育健康服务的关键路径

在数字化健康传播的全新格局下，精准推送技术正在重塑信息传递的方式。通过对用户数据的深度学习和场景化内容策划，平台可以提供高度个性化的健康信息服务，改善用户体验并提升健康行为的转化率。精准推送不仅满足了用户的多样化需求，而且通过跨平台协调与动态优化，为用户提供了流畅一致的交互体验。

1. 个性化内容推荐系统：智能算法与情境化设计的结合

个性化推荐系统以机器学习算法为核心，通过分析用户的历史数据、阶段性目标以及健康状况，量身定制内容推送策略。机器学习算法能够学习用户的阅读习惯、互动行为和偏好特征，进而预测用户可能感兴趣的体育健康内容。在实践中，这意味着平台可以根据用户过往的健身计划、营养偏好和心理健康需求，为其推荐符合个人情况的内容建议。算法会考虑时间节点、用户活跃程度和具体需求，确保每次推送能够切中用户最需要的信息类型。例如，为某一阶段内频繁锻炼的用户推送进阶版的健身计划，并为关注心理健康的用户提供情绪管理模块。结合用户所在的生活与工作场景，定制化的内容策划能够将体育健康信息化繁为简，使信息更具实用性和易操作性。无论是家庭运动指导，还是办公室体育健康方案，情境化内容不仅提升了用户应用体育健康信息的便利性，还增进了用户的体育健康介入体验。

2. 精准内容触达与用户体验提升：从整合推送到动态优化

在现代数字传播环境中，用户习惯于多平台的应用服务交互，因而跨平台协调推送成为提高用户体验的关键。通过在微信公众号、微信小程序和 H5 页面间建构整合推送机制，平台能够利用各自渠道的优势，实现消息触达的高效性与一致性。

具体而言,这种协调推送确保了用户在不同设备、不同时间点均能接收到相关内容,而不造成信息冗余或体验割裂。微信公众号可以作为深度内容的载体,小程序则负责轻量级互动和日常体育健康打卡任务,而H5页面提供即时的体育活动参与与互动入口,确保用户在不同场景下的体育健康信息获取过程高效流畅。精准推送的另一核心在于对内容相关性的持续优化。平台需要不断跟踪用户对已推送内容的反应,这包括点击率、阅读时间、用户反馈等指标。通过分析这些数据,平台能够识别出哪些内容和推送策略最为有效。

基于此,定期更新内容库并调整推送策略,确保推送信息始终保持前沿性和相关性。动态优化意味着即使面对用户兴趣或行为模式的变化,平台也能迅速调整推送方案,保证内容能够持续吸引用户注意力并激发用户的行为转换。

个性化健康信息的精准推送通过先进的人工智能算法和场景化策略,实现了用户体验的个性化和服务的高效化。跨平台的整合推送机制结合动态内容优化策略,不仅提升了用户与健康信息之间的互动深度,还确保了体育健康行为推广的持续性和有效性。这种定制化传播模式标志着健康信息传播从单一渠道到跨渠道、从普适内容到个性化内容服务的全面升级,代表了未来体育健康传播领域的一大趋势。

(四)从精准推送到行为转化的有效路径:促进体育健康参与的策略设计

在健康信息传播中,行为转化是评估传播有效性的重要标准。精准推送不仅是向用户传递信息的过程,更是激发用户兴趣、引导其从被动接收信息到主动参与行为实践的有效途径。为实现这一目的,平台需要在理解用户行为数据的基础上,提供个性化的指导与激励,从而将兴趣切实转化为可持续的健康行为。

1. 行为数据的反馈分析：识别用户需求与行动障碍

利用平台收集的用户行为数据，平台可以形成用户的细致行为画像，包括用户对于不同类型健康内容的消费习惯及其反馈与参与度。通过对点击量、阅读时长、互动频率与用户反馈的综合分析，平台能够识别出哪些内容最受欢迎，以及哪类推送会促使用户采取实质行为。

这种信息不仅揭示用户个体的体育健康需求，还能通过聚类分析识别群体趋势和需求差异。比如，通过区分不同年龄段或职业背景的用户对体育健康内容的偏好，平台可以针对性地调整推送策略，以更好地满足各类用户的体育健康需求。在反馈分析过程中，了解用户的行为阻碍至关重要。这些阻碍可能是缺乏信息的动机、未能建立有效的执行计划，或在社交支持上的不足。通过数据分析，平台可以识别出常见的行为阻碍因素，并设计相应的内容和激励策略以克服用户的参与障碍。例如，为那些对健身表现出兴趣但行动迟缓的用户推送简化运动指南或集成社交鼓励功能。

2. 健康行为指导的全面介入：实现知行合一的策略

为了实现从行为意图到实际行为的转化，平台在内容推送中引入系统的行为引导策略。结合智能跟踪和反馈优化，平台能够为用户提供从信息获取到行为实践的全流程指导。例如，为用户设计个性化的健身计划提醒，并通过逐步达成子目标来保持用户参与的持续性。

为了提高健康行为的转化率，平台可以提供多样化的支持服务。这包括个性化课程内容、即时专家咨询和基于社区的互动平台。通过课程的分段学习和专家的即时反馈，用户能够在行动过程中获得知识上的进一步补充和心理上的激励。

专家咨询则提供个性化指导的深度支持，帮助用户突破行为瓶颈。同时，建立用户社区让参与者分享经验与成就，通过群体动力增强个体持续参与的动机。这一策略将体育健康行为转化为社会性行为，从而提升用户的长期参与度和成就感。

从精准推送到达成行为转化的有效路径依赖于对用户行为的深刻理解和持续的个性化支持。通过数据驱动的反馈分析平台，可以识别用户需求与行动障碍，以更精细化的策略推动用户从兴趣到行动的转化。综合行为引导方案提供了结构化的支持，确保用户能够在体育健康行为的执行过程中过渡流畅，并获得成功的体验。这种从信息到行为的全面策略将是未来体育健康传播的一大焦点。

通过数据赋能，微信平台能够实现更精准的体育健康信息传播，通过不断更新用户画像，收到有效的用户反馈，并不断优化推送策略，从而提升用户体验和参与度。利用大数据与人工智能技术，为用户提供量身定制的信息服务，优化传播效果。通过实时监控与反馈机制，加快数据到策略的转化，以跟上用户需求变化和偏好调整。通过数据驱动的全方位运营策略，实现兴趣培养与行为改变的深度统一，从而推动用户形成更健康的生活方式。

这种以数据为核心的精准化传播不仅提升了体育健康信息的触达效果，更在用户的长期参与与行为改善中发挥了重要作用。未来，通过进一步挖掘数据的潜力和深化用户体验设计，微信平台的传播力与体育健康促进作用将得到全面推动。

第四章

社交媒体语境下体育健康传播的机制创新

第一节 社交媒体体育健康传播机制创新的多维影响与综合呈现

一、社会维度：社交媒体体育健康传播的社会嵌入与价值彰显

（一）增强社会凝聚力与社区归属感

在社交媒体蓬勃发展的当下，体育健康传播展现出了独特的力量，对增强社会凝聚力与社区归属感有着积极影响。体育赛事、健身活动等相关内容通过社交媒体平台的广泛传播，打破了地域和时间的限制，使得不同背景的人们能够围绕共同关注的体育健康话题汇聚在一起。例如，一场全球性的体育盛会，如奥运会或者世界杯，在社交媒体上会引发海量的讨论，世界各地的球迷、体育爱好者纷纷发表自己的看法、分享观赛感受，形成了一个庞大的虚拟社区。即使身处不同国家、不同城市的人们，也会因为对某支队伍、某位运动员的喜爱而产生强烈的共鸣。这种共鸣进一步转化为一种无形的纽带，将大家紧密相连，增强了整个社会的凝聚力。

同时，各类健身打卡群组在社交媒体上也极为常见，人们将自己日常的运动锻炼情况分享出来，互相鼓励、互相监督。比如在一些跑步打卡群里，成员们每天都会上传自己的跑步里程、配速等数据，彼此交流跑步心得，遇到困难时互相支招。这样的互动交流让参与者感受到自己是群体中的一员，提升了社区归属感，也使得整个社会在体育健康层面呈现出更加积极向上、团结友爱的氛围。

（二）塑造积极健康的社会形象与文化氛围

社交媒体上体育健康内容的传播有助于塑造积极健康的社会形象以及营造良好的文化氛围。从宏观层面来看，当一个国家或地区的体育健儿在国际赛场上屡获佳绩，这些消息通过社交媒体迅速扩散，能够极大地提升该国家或地区在国际上的形象，激发民众的民族自豪感和爱国情怀。以我国的奥运健儿为例，他们在奥运会上摘金夺银的精彩瞬间以及背后刻苦训练的故事在微博、抖音等社交媒体平台广泛传播，不仅让国内民众为之振奋，也向世界展示了我国体育事业蓬勃发展以及运动员坚韧不拔的精神风貌。

在文化氛围营造方面，体育健康传播传递出的拼搏、进取、自律等价值观不断影响着社会大众。健康的生活方式、科学的健身理念等通过各种社交媒体渠道被普及开来，潜移默化地改变着人们的观念。例如，越来越多的人开始崇尚通过规律的运动和合理的饮食来保持健康体态，摒弃了过去一些不良的生活习惯。这种由体育健康传播所引领的文化潮流，正逐渐成为社会文化的重要组成部分，促使整个社会朝着更加健康、文明的方向发展。

（三）促进社会公共健康意识的提升

社交媒体在提升社会公共健康意识方面发挥着不可忽视的作用。一方面，专业的健康知识科普账号在各大社交媒体平台如雨后春笋般涌现，这些账号通过通俗易懂的文字、生动有趣的图片或者视频等形式，向广大用户传播诸如疾病预防、心理健康、营养膳食等各类健康知识。例如，一些医学专家在抖音上开设账号，定期讲解常见疾病的早期症状以及预防方法，吸引了大量粉丝关注，许多原本对健康知识知之甚少的民众从中受益，开始重视自身及家人的健康状况。

另一方面，一些社会热点的健康话题也会在社交媒体上引发广泛讨论，进而促使更多人去深入了解相关健康问题。比如当某地区出现流行性疾病时，社交媒体上关于如何预防、应对该疾病的话题热度飙升，大家相互分享自己所了解到的信息和经验，这在无形之中提高了整个社会对公共健康问题的关注度，也使得更多人意识到健康生活方式以及健康素养提升的重要性，积极参与到各类健康促进活动中来，共同推动社会公共健康水平的提高。

（四）推动社会多元化交流与互动

社交媒体体育健康传播为社会提供了一个多元化交流与互动的平台，打破了传统交流模式的局限。不同年龄、性别、职业、地域的人们都能够在这里就体育健康相关话题各抒己见。年轻人可以分享自己热衷的新兴体育运动项目，如飞盘、桨板等，让更多人了解到这些充满趣味和挑战的运动形式；老年人则可以传授一些传统的养生经验，比如太极拳、八段锦等健身功法的技巧和益处。而且，这种交流互动不局限于普通民众之间，体育界专业人士、健康领域专家与大众之间也能够通过社交媒体进行直接对话。运动员可以分享自己的训练日常、比赛心得，解答粉丝对于体育项目的疑问；医学专家能够针对大众关心的健康问题及时给予专业建议。这种跨群体、跨领域的多元互动交流，丰富了社会交流的内容和形式，拓宽了人们的视野，促进了不同文化、观念在体育健康领域的碰撞与融合，推动整个社会更加开放和包容地发展。

通过上述分析可以看出，社交媒体体育健康传播在社会维度上具有多方面的重要影响与价值，对于建构和谐、健康、积极向上的社会环境起到了关键作用，值得我们进一步深入研究并加以合理利用，以更好地服务于社会发展和公众健康需求。

二、媒介维度：社交媒体平台对体育健康传播的特性塑造与功能赋能

（一）即时性传播功能加速体育健康信息扩散

社交媒体平台具有强大的即时性传播功能，这一特性对体育健康信息的传播产生了极为显著的影响。在体育赛事方面，比赛过程中的精彩瞬间、比分变化等信息能够通过现场观众、媒体工作者或者赛事官方账号在微博、推特等社交媒体上瞬间发布出来。例如，一场备受瞩目的足球比赛，每当有进球或者关键判罚出现时，相关的文字描述、图片甚至短视频会马上呈现在广大球迷眼前。无论他们身处世界的哪个角落，都能第一时间知晓赛况，仿佛身临其境般同步感受比赛的激烈氛围。

对于健康知识的传播亦是如此。当有权威医学机构发布了关于某种新型疾病防控的重要提示，或者健身专家分享了一套新颖有效的健身动作，借助社交媒体的即时性，这些信息可以迅速被推送给关注相关话题的用户群体，大幅缩短了信息从源头到受众的传播时间，加速了体育健康信息在全社会范围内的扩散，使得最新、最实用的体育健康资讯能够及时到达有需要的人群手中，提高了信息的时效性和传播效率。

（二）互动性功能提升体育健康传播参与度

社交媒体平台的互动性功能为体育健康传播带来了前所未有的高参与度。用户在浏览体育健康相关内容时，并非只是单纯的信息接收者，而是可以积极地参与到话题讨论、内容创作以及传播过程当中。以健身类话题为例，许多健身达人在抖音等平台上发布自己的健身视频教程后，观看的用户可以随

时在评论区留言提问，比如某个动作的发力要点、如何根据自身身体状况调整训练强度等，达人则会及时回复解答，形成良好的互动。

同时，一些体育赛事话题，球迷们会展开热烈的讨论，发表自己对于比赛战术、球员表现的看法，甚至会发起投票、话题挑战等互动活动，吸引更多人参与进来，共同探讨体育赛事背后的种种细节。这种互动不仅增强了用户对体育健康内容的关注度和兴趣，还促使他们更加主动地去深入了解相关知识，并且愿意将自己参与互动过程中所收获的内容进一步分享给身边的人，形成一种传播的良性循环，让体育健康传播的影响力不断扩大。

（三）多媒体融合特性丰富体育健康传播形式

社交媒体平台集文字、图片、音频、视频等多种媒体形式于一身的多媒体融合特性，极大地丰富了体育健康传播的形式。在体育传播中，以往单一的文字报道已经难以满足受众的需求。如今通过社交媒体，我们可以看到高清的赛事直播画面，听到激情澎湃的现场解说音频，同时搭配实时更新的文字比分和精彩瞬间的图片集锦，全方位地呈现一场体育盛宴。例如，在转播奥运会等大型体育赛事时，央视体育等官方账号会综合运用多种媒体元素，让观众在家就能享受到如同在现场观赛一般的体验。

在健康传播领域，同样得益于多媒体融合特性，复杂的医学知识可以通过制作生动形象的动画视频来讲解，比如人体内部器官的运作机制、疾病的发生发展过程等；健身教程也不再局限于枯燥的文字描述，而是可以通过专业教练亲身示范的视频，配合详细的动作分解图片以及语音提示，让用户更加直观、清晰地掌握正确的健身方法，提高了体育健康传播内容的吸引力和可读性，满足了不同受众群体多样化的接受习惯和审美需求。

（四）个性化推荐机制精准触达目标受众

社交媒体平台所依托的个性化推荐机制能够依据用户的浏览历史、兴趣爱好、关注话题等数据信息，精准地将体育健康相关内容推送给目标受众。对于体育爱好者来说，如果经常浏览篮球相关资讯，平台就会智能推荐更多关于篮球赛事报道、球星动态、篮球技巧训练等内容，确保他们能够持续获取自己感兴趣的体育信息，而不会被海量的无关信息所淹没。

在健康领域，比如一位用户经常关注减肥瘦身方面的知识，社交媒体算法会为其推送各类科学的减肥方法、健康食谱、有氧运动教程等针对性内容，帮助用户更高效地找到符合自身需求的健康资讯。这种精准触达目标受众的方式，不仅提高了体育健康传播的精准度，避免了资源浪费，还能让用户感受到平台的贴心服务，增强他们与平台的黏性，进一步促进体育健康信息在目标群体中的有效传播，推动体育健康传播更加专业化、精细化发展。

综上所述，社交媒体平台的各项功能与特性从不同角度深刻影响着体育健康传播。充分利用这些优势，能够更好地拓展体育健康传播的广度和深度，为提升全民体育健康素养发挥积极作用。

三、运动维度：社交媒体体育运动项目传播的策略演进与创新逻辑

（一）依托明星运动员 IP 塑造，驱动项目传播辐射效应

在社交媒体构筑的信息传播生态中，明星运动员 IP 的打造已然成为体育运动项目拓展传播影响力的关键策略。从传播学视域审视，明星运动员作为体育领域的意见领袖，其自身承载着极高的符号价值与象征意义，能够凭借独特的人格魅力、卓越的竞技成就以及在社交媒体平台上的积极展示，建构起强大的传播力场，进而对所属运动项目产生辐射带动作用。

以篮球巨星勒布朗·詹姆斯为例，其社交媒体账号堪称汇聚体育文化与个人影响力的"流量磁场"。他频繁分享的赛场内外训练细节、生活感悟等内

容，实则是一种深度的自我叙事与形象建构。一条看似寻常的训练视频，背后蕴含着专业的篮球技巧、顽强的拼搏精神以及对篮球运动纯粹的热爱，而这些元素通过社交媒体的传播，引发了广大球迷尤其是年轻群体的强烈共鸣。这种共鸣不仅体现为点赞、转发等数据层面的热度，更在于它激发了年轻球迷对篮球运动的深度认同与参与热情，使其从单纯的观赏者角色向积极的实践者转变，从而在全球范围内拓宽了篮球项目的受众基础，提升了其在体育文化版图中的占比。

同样，在田径领域，尤塞恩·博尔特以其超凡的速度天赋和极具亲和力的公众形象，成为田径运动在社交媒体时代的标志性符号。他在社交媒体上无论是分享商业活动中的趣闻，还是传授跑步专业技巧，都在无形之中强化了田径运动与大众生活的关联，打破了传统认知中田径赛事的相对专业性与大众之间的隔阂，让更多人意识到田径运动并非只是精英运动员的舞台，更是一项能够融入日常生活、提升身体素质的全民性活动，由此推动了田径项目在全球范围内关注度与参与度的显著提升。

借助明星运动员 IP 的塑造与传播，体育运动项目实现了从竞技范畴向大众文化领域的延伸，不仅强化了项目自身的品牌形象，更通过粉丝效应的链式传播，极大地拓展了传播边界，彰显出强大的传播辐射效应。

（二）借势用户生成内容（UGC），丰富体育传播多元视角

社交媒体所赋予的开放性与互动性，为用户生成内容（UGC）创造了丰沃的土壤，而体育运动项目巧妙借势 UGC，实现了传播视角的深度拓展，这一策略背后蕴含着深刻的受众理论与文化传播逻辑。

在传统体育传播模式中，信息传播多呈现自上而下的单向度流动，官方媒体和专业机构主导着内容输出，受众往往处于相对被动的接收地位。然而，社交媒体时代的 UGC 打破了这一格局。普通体育爱好者作为体育实践的直接参与者，基于自身的运动体验所创作的内容，赋予了体育传播全新的视角与

生命力。例如，滑雪爱好者在社交媒体平台上传的雪道驰骋视频，绝非简单的视觉展示，而是融合了个人对滑雪运动的独特理解、情感体验以及对滑雪胜地自然与人文景观的感悟。视频中的高难度动作呈现了滑雪运动的专业性与挑战性，而风趣幽默的文字解说则消解了其专业性带来的距离感，让更多未曾接触过滑雪的人能够以一种轻松、趣味的方式走近这项运动，感受其独特魅力。同样，骑行爱好者分享的长途骑行见闻，不仅涉及骑行路线、风土人情等实用信息，更传递出一种对自由、探索精神的追求，这种来自民间的、充满生活气息的内容与官方媒体报道相互补充，共同编织起一幅全方位、多层次的体育传播图景。

从文化传播角度来看，UGC内容的大量涌现，使得体育文化的传播不再局限于精英叙事与宏大话语，而是融入了民间的、个体化的声音，进一步丰富了体育文化的内涵与外延，让体育传播更具亲和力、贴近性，从而有效吸引了不同层次、不同背景的受众群体，拓展了体育运动项目在社交媒体空间中的传播广度与深度，促进了体育文化的多元共生与广泛传播。

（三）开展线上赛事活动，优化项目互动传播生态

随着社交媒体与数字技术的深度融合，线上赛事活动作为一种创新性的体育传播实践形式应运而生。它在重塑体育运动项目互动传播生态方面发挥着重要作用，这一创新举措折射出媒介环境学中关于媒介对社会行为和文化传播影响的深刻思考。

线上赛事活动打破了传统线下赛事在时空维度上的限制，是对体育竞赛形式在数字时代的适应性变革。以线上马拉松为例，它借助运动APP等技术手段，将分散于世界各地、不同年龄段和不同跑步水平的个体连接在一起，建构起一个虚拟而又充满活力的赛事空间。参与者在规定时间内自主完成跑步里程记录并上传的过程，不仅是一种竞赛行为，更是一种基于社交媒体平台的自我展示与社交互动行为。在这个过程中，参与者通过分享参赛计划、跑步感受以及展示完赛勋章等方式，在社交媒体上形成了一个个以线上马拉松为核心的话题社群。这些社群内部成员之间相互鼓励、交流经验，营造出浓厚的赛事氛围，同时也吸引了更多旁观者的关注与参与，实现了赛事影响力的裂变式传播。

对于电子竞技项目而言，线上赛事更是其传播与发展的核心依托。通过各大直播平台的实时转播，线上赛事将竞技的紧张刺激与互动的即时性完美结合。观众在直播间内与主播、其他观众实时互动，共同参与到比赛结果预测、战术打法讨论等环节中，这种高度互动性不仅增强了观众的参与感与沉浸感，也使得电子竞技项目从原本相对小众的亚文化圈子逐渐走向大众视野，成为一种备受瞩目的体育文化现象。

线上赛事活动通过优化体育项目的互动传播生态，打破了传统体育赛事参与和传播的壁垒，让体育运动项目在社交媒体的助力下更好地融入大众日常生活，激发了全民参与体育、关注体育的热情，进一步提升了项目的传播活力与社会影响力。

（四）融合潮流元素，强化项目传播文化适应性

在社交媒体传播的动态语境下，体育运动项目善于融合当下热门话题与潮流元素，以此提升自身吸引力，这一策略体现了文化适应与文化创新在体育传播领域的重要价值，反映了文化传播学中关于文化元素融合与受众文化认同的相关理论。

当社交媒体上兴起诸如"刘畊宏女孩""帕梅拉女孩"等热门称呼时，健身操这一运动项目敏锐地捕捉到了这一文化潮流，将自身的教学内容、锻炼风格与这些热门话题深度融合。健身博主们通过模仿、创新，创作出一系列各具特色的健身操教学视频。这些视频不仅在内容上契合了大众对于时尚、

健康生活方式的追求，更在传播形式上借助社交媒体的流量效应，形成了一种具有文化标识性的传播现象。众多粉丝在这种文化氛围的感染下，积极参与打卡锻炼，使得健身操从相对小众的健身选择迅速演变为一种具有广泛群众基础的热门运动项目。这一过程实则是健身操项目在文化层面与当下大众文化潮流的成功对接与适应性创新。

传统体育运动项目如滑板运动，也巧妙地与街头文化、嘻哈音乐等潮流文化元素相融合。在社交媒体的展示平台上，滑板爱好者们通过展示充满个性的滑板动作、独具匠心的滑板场地设计以及背后所蕴含的自由、不羁的精神内涵，建构起一种独特的滑板文化景观。这种融合了潮流元素的展示方式，精准契合了追求个性、时尚的年轻群体的文化审美与价值取向，引发了他们强烈的文化认同与参与意愿，从而吸引了大量年轻人投身滑板运动，使滑板运动在社交媒体传播中焕发出新的文化活力，巩固并拓展了其在体育文化市场中的地位。

体育运动项目通过融合热门话题与潮流元素，实现了与不同时期大众文化潮流的同频共振，增强了自身的文化适应性与吸引力，使其在社交媒体这个多元文化汇聚的传播场域中能够脱颖而出，保持持久的传播活力与文化影响力，进而推动体育文化在不断变迁的社会文化语境中持续传承与创新发展。

综上所述，体育运动项目在社交媒体中的传播策略与创新呈现出多维度、多层次的特点，这些策略相互交织、协同作用，共同建构起一个富有活力与影响力的体育传播体系。通过持续探索与实践，体育运动项目能够更好地借助社交媒体的力量，实现传播范围的广泛拓展、传播深度的不断挖掘以及传播效果的显著提升，让体育运动的魅力在更广泛的社会群体中得以彰显，激励更多人积极参与到体育运动之中，为全民体育事业的发展注入源源不断的动力。

四、健康维度：社交媒体健康知识与行为习惯传播的多元路径与协同机制

（一）权威引领：专业机构与专家话语的核心驱动作用

在社交媒体所建构的信息传播场域中，健康知识与行为习惯的有效传播和普及离不开权威力量的核心驱动。专业的卫生健康机构以及领域内专家凭借其深厚的专业知识储备、严谨的科学素养以及在行业内的权威性，扮演着至关重要的"意见领袖"角色。

从传播效果层面来看，这些权威主体所发布的健康信息往往具有更高的可信度和说服力。例如，世界卫生组织（WHO）通过其官方社交媒体账号定期推送各类全球性健康议题的科普内容，涵盖疾病预防、公共卫生安全、健康生活方式倡导等多个方面。其发布的关于新冠疫情防控期间的卫生指南，如正确佩戴口罩的方法、保持社交距离的科学依据等，借助社交媒体的广泛传播，迅速在全球范围内引起重视并得到积极践行。这些权威信息以科学的逻辑、翔实的数据以及专业的解读，为普通大众在复杂的健康信息海洋中树立了可靠的"灯塔"，引导着人们形成正确的健康认知。

同样，医学专家在社交媒体上的发声也极具影响力。许多知名医学专家通过开设微博、抖音科普账号，以通俗易懂的语言讲解晦涩难懂的医学知识，比如心血管疾病的成因及日常预防要点、心理健康问题的识别与应对策略等。他们采用案例分析、动画演示、问答互动等多样化的传播方式，打破了专业知识与普通受众之间的壁垒，使得健康知识能够精准触达不同层次的人群，有力地推动了健康知识从专业领域向大众层面的扩散，为健康行为习惯的养成奠定了坚实的认知基础。

权威机构和专家在社交媒体中的积极参与，不仅提升了健康信息传播的质量和可信度，更是通过持续的专业输出，在社会中营造了重视健康、遵循

科学健康理念的良好氛围，成为健康知识与行为习惯传播普及的核心驱动力量，引领着大众在健康之路上稳步前行。

（二）社交互动：人际网络助力健康传播的涟漪效应

社交媒体独特的社交互动属性为健康知识和行为习惯的传播普及创造了一种基于人际网络的"涟漪效应"传播模式，这背后蕴含着社会网络理论与健康传播中的人际影响机制。

在社交媒体平台上，人们处于错综复杂的社交关系网络之中，个体所获取的健康知识和养成的健康行为习惯不再局限于自我消化，而是能够通过点赞、评论、转发以及私信分享等互动行为，在朋友圈、微信群、微博话题等不同社交场景中迅速传播开来。例如，当一位健身达人在朋友圈分享自己通过坚持晨跑成功改善身体素质的经历，并详细介绍了晨跑的科学方法和注意事项时，其身边的朋友、家人会因对他的信任以及对健康生活的向往，纷纷对这条信息产生兴趣，进而点赞、评论、询问更多细节，甚至主动转发分享给更多的人。

这种基于人际关系的传播，就如同在平静的湖面上投入一颗石子，所引发的涟漪会一圈圈不断向外扩散，使得健康信息能够触达更多原本未曾关注相关内容的人群。而且，在互动过程中，不同个体还会结合自身的健康实践经验进行交流探讨，进一步丰富和完善健康知识的传播内容，增强健康行为习惯的可行性与吸引力。例如，在一些健康饮食的话题群组中，成员们会分享各自尝试过的健康食谱、食材搭配心得以及不同饮食方案对身体状态的影响等。通过这种相互学习、相互借鉴的互动，健康知识得以不断深化，健康行为习惯也更容易在群体中得到认可和推广。

借助社交媒体的社交互动功能，健康知识与行为习惯的传播突破了传统单向传播的局限，形成了一种多向度、多层次的传播网络，通过人际的相互影响和带动，在更广泛的社会范围内产生涟漪效应，让更多的人被卷入到健康传播的积极氛围之中，促进全民健康素养的提升。

（三）内容多元：适配不同受众需求的健康传播策略

社交媒体上健康知识与行为习惯的传播普及，需要充分考虑受众群体的多样性，通过打造内容多元化的传播策略，以适配不同个体在健康认知水平、兴趣偏好以及生活场景等方面的差异化需求，这体现了传播学中受众细分理论在健康传播实践中的具体应用。

针对不同年龄段的受众，传播内容呈现出明显的针对性。对于儿童群体，健康传播多侧重于以生动有趣的动画、绘本故事等形式，讲解诸如良好的卫生习惯（洗手、刷牙等）、营养均衡的重要性（认识各类食物的营养价值）等基础健康知识，通过色彩鲜艳的画面、可爱的角色形象吸引孩子们的注意力，让健康理念在他们幼小的心灵中扎根。而对于中老年群体，则更注重围绕常见慢性疾病的预防与保健（如高血压、糖尿病的日常护理）、养生功法（太极拳、八段锦等）等内容进行传播，采用简单易懂的文字讲解、实际案例分享以及专家示范视频等方式，帮助他们更好地管理自身健康。

从兴趣偏好角度出发，针对关注健身塑形的年轻群体，社交媒体上会推送各类时尚健身课程、高效减脂训练方法以及合理的膳食搭配方案等内容，结合当下流行的健身文化元素，如健身房打卡、健身达人分享等，激发他们的参与热情。而对于那些更关心心理健康的受众，会有大量关于情绪管理、压力缓解技巧、心理咨询等方面的文章、音频、视频等资源，通过心理专家的线上讲座、真人案例分享等形式，为他们提供专业的心理支持和疏导。

此外，考虑到不同的生活场景，健康传播的内容也会因地制宜。比如在上班族集中的社交媒体圈子里，会着重传播办公室健康小贴士（如正确的坐姿、缓解眼部疲劳的方法等）、职场压力应对策略以及适合忙碌工作节奏的便捷健身方式（如办公室瑜伽、碎片化时间的拉伸运动）等，帮助他们在紧张的工作之余保持良好的健康状态。

通过建构内容多元化的健康传播策略，社交媒体能够精准地满足不同受众群体的健康需求，提高健康知识与行为习惯传播的针对性和有效性，让健康传播真正做到因人而异、因材施教，深入到社会各个角落，惠及更广泛的人群。

（四）趣味呈现：创新形式增强健康传播的吸引力与接受度

在社交媒体环境下，健康知识与行为习惯的传播普及不能仅仅依赖于传统的严肃说教的方式，而是要借助创新的、富有趣味性的呈现形式，来增强其在信息洪流中的吸引力与受众的接受度，这背后涉及传播学中关于传播符号与受众心理的相关理论。

短视频、漫画、健康游戏等新兴传播形式在健康传播领域大放异彩。以短视频为例，它凭借简短精练的时长、生动形象的画面以及富有感染力的配乐，将复杂的健康知识进行碎片化处理，便于受众快速理解和吸收。比如，一些医学科普账号会制作"一分钟了解某种疾病"的短视频，通过动画演示疾病在人体内部的发生发展过程，展示患者的常见症状，以及讲解相应的治疗和预防方法，以直观且有趣的方式让观众在短时间内获取关键的健康信息。

漫画同样是一种深受大众喜爱的健康传播形式，它运用夸张的人物形象、幽默的情节和简洁的文字对白，将健康生活方式、健康小贴士等内容进行趣味化呈现。例如，用漫画讲述一个不爱运动的小胖墩在尝试了各种运动后逐渐变得健康强壮的故事，在轻松诙谐的氛围中向读者传递运动的重要性以及运动带给人的积极变化，让读者在欢笑中不自觉地接受健康理念，并产生尝试健康行为的冲动。

健康游戏的出现更是为健康传播增添了新的活力，通过设计一些与健康知识相关的互动游戏，如"健康知识问答闯关""模拟健康生活养成"等，让受众在参与游戏的过程中学习健康知识，强化健康行为习惯的记忆。这种寓教于乐的方式充分迎合了受众追求娱乐、轻松学习的心理需求，使健康传播不再枯燥乏味，而是充满乐趣和吸引力，提高了受众主动获取健康知识、践行健康行为习惯的积极性，进一步推动健康传播在社交媒体平台上的有效开展。

综上所述，健康知识与行为习惯在社交媒体中的传播与普及是一个多维度协同发力的过程。权威引领确保了信息的科学性和可靠性，社交互动扩大了传播范围和影响力，内容多元满足了不同受众的差异化需求，趣味呈现增强了传播的吸引力和接受度。这些路径相互配合、相互补充，共同建构起一个高效且富有活力的健康传播体系，助力全民体育健康素养的不断提升，促进体育健康生活方式在全社会的广泛践行。

第二节　社交媒体体育健康传播：不同平台的机制特色与传播效能

在当今数字化时代，社交媒体的蓬勃发展深刻改变了信息传播的格局，体育健康领域亦不例外。微博、微信以及各类体育健康社区作为社交媒体中的典型代表，凭借各自独特的平台属性和功能优势，在体育健康信息的传播过程中扮演着至关重要的角色，成为人们获取体育资讯、学习健康知识、交流运动经验以及分享健身成果的重要渠道。

随着社交媒体在体育健康传播方面影响力的日益凸显，深入探究不同平台的传播机制显得尤为必要。一方面，微博以其强大的开放性、话题性和即时性，能够快速汇聚海量的体育健康信息，并在短时间内形成广泛的传播效应，吸引着不同年龄、地域和兴趣层次的用户参与其中；微信则依托深厚的社交关系网络，强调信息在熟人圈子内的精准传递和深度交流，通过公众号、朋友圈及群聊等多元场景为体育健康传播营造了相对私密且信任度较高的环境；而体育健康社区聚焦于特定体育项目或健康话题，凭借专业化的内容生产与互动交流，满足了体育爱好者及健康追求者对深度知识和专业技能的需求，打造出一个个具有高度黏性的兴趣共同体。

尽管这些平台都致力于体育健康传播，但由于平台定位、用户群体、功能设计等多方面存在差异，各自所形成的传播机制也各具特点，在传播主体、传播内容、受众互动以及传播效果等诸多方面展现出明显的不同。然而，它们并非孤立存在，在实际的体育健康传播生态中，微博、微信与体育健康社区之间又通过用户的跨平台行为、信息的相互引用以及共同话题的热度传导等方式产生千丝万缕的联系，彼此相互影响、相互补充，共同建构起了复杂而多元的社交媒体体育健康传播体系。

一、微博体育健康传播：开放性网络语境下的多元主体协同与创新扩散机制

（一）传播主体多元且角色分化鲜明的生态建构机制

微博作为一个开放性极强的社交媒体平台，吸引了众多类型的主体参与到体育健康传播当中。这些主体在传播过程中扮演着不同的角色，共同建构了丰富多元的传播生态。

1. 体育明星的引领作用

体育明星凭借其超高的人气和广泛的粉丝基础，成为微博体育健康传播中极具影响力的主体。他们分享赛场内外的点滴，像日常训练情况、饮食管理心得以及伤病恢复过程等内容，这些信息往往会引发粉丝的高度关注与积极互动。例如，篮球巨星詹姆斯·哈登时常在微博上发布自己的训练视频，展示专业的篮球技巧和高强度的体能训练方法，瞬间就能收获大量的点赞、评论和转发。粉丝们不仅从中感受到偶像对体育的热爱与执着，也受到激励去模仿和参与篮球运动，使得与篮球运动相关的健康理念得以广泛传播。

2. 专业媒体的权威发声

各类体育专业媒体机构在微博上发挥着提供权威资讯和深度报道的关键作用。它们拥有专业的采编团队,能够及时准确地发布体育赛事的赛况、赛程安排、运动员专访以及专业的体育健康知识科普文章等内容。例如,《体坛周报》等知名体育媒体通过微博账号实时推送国内外重大体育赛事的详细报道,帮助用户深入了解赛事背后的故事以及体育行业动态,树立了传播的公信力,引导着大众对体育健康话题的关注方向(图 4-1 和图 4-2)。

图 4-1　新华体育微博　　　　　图 4-2　新浪体育微博

3. 健身达人的经验分享

健身达人们则侧重于分享个人的健身实践经验、塑形技巧以及健康生活方式的日常践行情况。他们从普通人可借鉴、易操作的角度出发,用通俗易懂的语言和直观的图片、视频展示健身动作和效果对比,吸引了众多健身爱好者的追随。比如,一些健身博主会定期更新"一周健身计划""减脂餐搭配教程"等内容,帮助粉丝们更好地开启自己的健身之旅,促进健身知识在大众中的普及。

4. 官方体育机构的引导调控

官方体育机构如国家体育总局、国际奥委会等在微博平台上主要起到政策宣传、活动推广以及规范体育健康传播秩序的作用。它们会发布各类全民健身倡议、体育赛事组织信息以及体育健康标准解读等内容，从宏观层面引导大众积极参与体育活动，养成健康的生活习惯，保障体育健康传播朝着积极、正确的方向发展。

这些不同主体之间既相互协作又相互竞争，通过相互关注、互动转发等方式，形成了一种动态的、多维度的传播生态，使得体育健康信息在微博平台上得以全方位、多层次地传播开来。

（二）内容碎片化与话题驱动的扩散机制

微博的内容呈现形式和传播规律决定了其体育健康传播内容具有鲜明的碎片化特点，同时依赖话题功能实现快速且广泛的扩散。

1. 内容碎片化适应快节奏浏览

受微博字数限制（尽管现在有所放宽，但简短精练仍是主流风格）和用户浏览习惯的影响，体育健康相关信息多以简短的文字搭配吸睛的图片或短视频的形式呈现。一条关于体育赛事的微博可能只是简单描述了比赛中的某个精彩瞬间，附上一张激动人心的现场图片；或是一则健身小贴士，用几句话概括核心要点，再配上一个示范动作的短视频。这种碎片化的内容便于用户在碎片化时间内快速浏览、理解和分享，契合了当下快节奏生活中人们获取信息的方式。

2. 话题驱动形成传播集群

话题是微博体育健康传播的核心驱动力之一，平台上会涌现出各种各样的体育健康话题，如"奥运会精彩瞬间""健身打卡挑战""运动伤病预防"等。用户可以通过点击话题标签参与到相关话题的讨论中，发布自己的观点、见闻或者相关的内容。当一个话题受到较多关注后，就会像滚雪球一样吸引越来越多的人参与进来，形成一个个以话题为核心的传播集群。例如，在奥运会举办期间，相关话题的阅读量常常能达到数十亿甚至上百亿，众多用户围绕赛事结果、运动员表现、体育精神等展开热烈讨论，极大地拓展了体育健康信息的传播范围。

3. 算法推荐助力精准扩散

微博的算法推荐系统会根据用户的浏览历史、点赞评论行为、关注列表等多维度数据，识别用户对体育健康话题的兴趣偏好，将带有相关话题的内容推送给潜在感兴趣的用户。这样一来，即使是一些相对小众的体育健康话题，也能够精准触达目标受众群体，实现信息从点到面的多级传播，进一步强化了内容的扩散效果，让不同类型的体育健康信息都能在微博平台上找到对应的受众群体，提高传播的精准度和覆盖面。

（三）高互动性与反馈驱动的传播循环机制

微博用户在体育健康话题下展现出了极高的互动热情，这种互动性不仅丰富了传播的形式，还通过实时反馈促使传播不断优化，形成了一个动态的传播循环过程。

1. 多样化的互动方式激发参与热情

微博提供了丰富多样的互动功能，用户可以通过点赞、评论、转发、自定义标签等方式参与到体育健康信息的传播过程中。点赞表示对内容的认可和喜爱，评论则能够让用户发表自己的看法、提问或者分享自身经历，转发功能更是将优质的体育健康内容迅速扩散到自己的社交圈子中，而自定义标签则可以邀请特定的人关注某个体育健康话题或内容。例如，当一位健身博主发布了一条新的健身教程视频后，粉丝们会纷纷点赞表示支持，在评论区留言请教动作细节或者分享自己练习后的效果，还有的会转发到自己的微博页面，推荐给更多朋友，这种多样化的互动行为极大地提高了用户的参与度和传播的活跃度。

2. 实时反馈驱动传播内容调整

传播主体能够实时接收用户的反馈信息，这对于传播内容的调整和优化具有重要意义。体育明星、媒体机构、健身达人等主体会密切关注评论区的留言和转发中的用户反馈，根据用户普遍关心的问题、提出的建议或者争议点，及时调整后续的内容创作方向和传播策略。比如，如果一条关于某种健身方法的微博引发了很多用户对其安全性的质疑，博主可能会专门再发一条微博详细解释该健身方法的正确操作和注意事项，以回应受众的关切，从而让传播内容更加贴合用户需求，提升传播的质量和效果。

3. 互动营造社交传播氛围

频繁的互动行为在微博上营造出了浓厚的社交传播氛围，使得体育健康传播不再是单向的信息输出，而是变成了一种基于社交关系的群体互动活动。用户在参与互动的过程中，不仅获取了体育健康知识，还满足了社交需求，增强了对体育健康话题的认同感和归属感。这种社交传播氛围又进一步吸引更多用户参与进来，形成了一个良性循环，不断推动体育健康传播在微博平台上持续发展。

（四）创新功能拓展传播边界的驱动机制

微博不断推出各种创新功能，这些功能为体育健康传播机制注入了新的活力，有效地拓展了传播的边界，改变了传统的传播模式。

1. 话题挑战赛激发全民参与

微博话题挑战赛是一种极具创新性的传播方式，在体育健康传播领域得到了广泛应用。平台会发起"百日健身打卡挑战""运动技能比拼大赛"等活动,设置明确的参与规则、奖励机制以及话题标签。用户参与挑战的过程就是一个自我展示和传播体育健康理念的过程,他们需要通过发布微博记录自己的健身过程、运动成果或者技能展示视频等,并带上挑战赛话题标签,以便其他用户能够看到并参与互动。这种方式激发了广大用户的参与热情,将原本相对小众的健身活动或体育技能推广变成了全民参与的社交传播事件,大大拓展了体育健康传播的受众范围和影响力。

2. 直播互动打破时空限制

微博直播功能在体育健康传播中发挥着重要作用,它打破了传统线下体育活动和健身教学的时空限制。体育赛事可以通过微博直播实时呈现在用户眼前,用户在观看直播的过程中,不仅能同步感受比赛的激烈氛围,还可以通过弹幕、评论等方式与其他观众以及主播实时互动,提问、发表观点或者预测比赛结果。同样,健身教练也可以通过直播进行线上健身教学,实时纠正用户的动作,解答疑问,让更多人能够在家中就享受到专业的健身指导,增强了体育健康传播的即时性和沉浸感,使得传播效果得到显著提升。

3. 超话社区凝聚兴趣群体

超话社区是微博基于用户共同兴趣形成的一种相对集中的交流空间,体育健康相关的超话众多,如"篮球超话""瑜伽超话""健康养生超话"等。在这些超话社区里,用户们围绕特定的体育健康话题进行深度交流,分享专业知识、经验心得以及最新资讯等。超话社区有自己的主持人负责管理和引导话题讨论,定期组织一些线上线下活动,进一步增强了社区的黏性和活跃度。它为体育健康爱好者们提供了一个更加聚焦、深入的交流平台,有助于培养忠实的用户群体,推动体育健康信息在特定兴趣群体内的持续传播和深入探讨。

综上所述,微博体育健康传播机制凭借其多元主体建构的生态、碎片化与话题驱动的内容扩散、高互动性与实时反馈的传播优化以及创新功能拓展传播边界等特点,在社交媒体体育健康传播领域占据着重要地位。然而,也不可忽视其存在的一些问题,如信息碎片化可能导致知识系统性不足、部分内容质量参差不齐、传播效果受网络热度影响较大等。在后续的发展中,需要进一步发挥优势,弥补不足,以更好地服务于体育健康传播事业。

二、微信体育健康传播:强社交纽带驱动的精准传播与深度互动融合机制

(一)依托多元主体分层协作的传播生态建构机制

微信作为一款以社交关系为核心的综合性平台,其体育健康传播涉及多个不同类型的主体,这些主体依据各自的功能和定位,分层协作,共同编织起一个有机且复杂的传播生态体系。

1. 公众号的专业知识输出与权威引导

众多官方体育机构、专业媒体、健身及健康领域的专业机构等运营的公众号,在微信体育健康传播中扮演着专业知识输出与权威引导的关键角色。它们凭借专业的团队和丰富的资源,精心策划并定期推送深度、系统的体育健康文章。例如,"丁香医生"公众号会围绕各类健康话题,从专业医学角度出发,通过详细的案例分析、科学的数据支撑以及通俗易懂的讲解,为用户提供如疾病预防、养生保健、心理健康等方面的权威知识;体育类的官方公众号则聚焦于赛事报道、体育政策解读以及运动项目推广等内容,帮助用户深入了解体育行业动态和专业知识,在传播过程中树立起较高的公信力,引导大众对体育健康相关内容的认知方向(图 4-3 和图 4-4)。

图4-3 "丁香医生"公众号截图（一）　　图4-4 "丁香医生"公众号截图（二）

2. 朋友圈个体分享的私人社交传播

朋友圈作为微信用户展示个人生活、分享个人感悟的私人空间，在体育健康传播中也发挥着独特作用。个体用户基于自身参与体育活动的体验、健康生活方式的实践情况，将其以文字、图片或短视频的形式分享出来。比如，一位跑步爱好者会在朋友圈晒出自己晨跑时沿途拍摄的风景照片，并配上简短的文字描述跑步心得和当日的运动状态，这种来自熟人的真实分享往往因朋友间的信任关系更容易引起他人的关注和共鸣，促使朋友们对体育健康相关信息产生兴趣，进而成为信息进一步传播的起点，使得体育健康信息在相对私密且信任度高的社交圈子里开始扩散。

3. 微信群聊群体互动的深度交流传播

微信群聊则依据不同的体育项目、健身群体、健康话题等进行细分,形成一个个具有特定共同兴趣的交流社群。在这些群聊中,成员们围绕体育健康相关的话题展开深度交流,分享各自的经验、资源以及最新的见闻。在一个健身爱好者群里,大家会讨论不同健身课程的效果、交流健身器材的使用心得、互相推荐靠谱的健身教练等;体育赛事群则会在比赛期间实时分享观赛感受、分析战术打法、预测比赛结果等。这种群体互动的交流方式使得体育健康信息在特定群体内不断丰富、深化,形成一个个活跃且有深度的传播节点,助力体育健康知识和理念在志同道合的人群中广泛传播。

这些不同主体之间相互依存、相互影响,公众号的专业内容为朋友圈分享和群聊讨论提供了素材与权威依据,朋友圈的分享又能引导朋友们关注相关公众号以及参与群聊话题,而群聊中的深度交流成果也会反哺公众号创作以及为朋友圈分享增添更多有价值的内容,共同建构起一个协同合作、层层递进的体育健康传播生态。

(二)基于精准推送与场景适配的内容传播机制

微信充分利用其强大的数据分析能力以及多样化的传播场景,实现体育健康内容的精准推送,并依据不同场景的特点适配相应的传播方式,以提升传播效果。

1. 精准推送契合用户个性化需求

微信借助对用户多维度数据的分析,如用户关注的公众号类型、日常浏览历史、点赞评论行为、搜索记录等,精准洞察用户在体育健康方面的兴趣偏好和实际需求,进而将与之匹配的内容推送给用户。例如,对于长期关注健身塑形类公众号且经常浏览健身教程文章的用户,系统会推送更多关于新型健身方法、科学饮食搭配、高效减脂计划等方面的内容;而对于热衷于体育赛事的用户,则会推送相关赛事的预告、赛况回顾、运动员专访等资讯。通过这种精准推送机制,体育健康信息能够精准触达目标受众,避免用户被大量无关信息干扰,提高了信息的接收效率和用户对内容的关注度。

2. 场景适配实现传播深度与广度拓展

微信提供了多种传播场景,不同场景下体育健康内容的传播各有侧重且相互补充,共同拓展了传播的深度与广度。在公众号文章中,创作者会围绕体育健康主题进行深度解读,通过建构完整的知识体系,运用丰富的案例、专业的图表以及详细的步骤讲解等方式,帮助用户全面、深入地理解专业知识。一篇关于运动损伤康复的公众号文章,会从损伤成因、康复原理到具体的康复训练方法等多个层面进行系统阐述;朋友圈分享则更注重融入个人情感与实际体验,将体育健康信息以一种更加贴近生活、通俗易懂的方式呈现出来,增强内容的亲和力和感染力,使看到的朋友更容易接受并产生进一步了解的欲望;群聊中的传播则强调互动性和针对性,成员们针对具体的体育健康话题展开即时讨论,分享各自的见解和实践经验,不断挖掘内容的深度,同时也能通过成员间的相互推荐,将有价值的信息扩散到更多群成员甚至其他群聊中,拓宽传播的范围。

这种基于精准推送与场景适配的内容传播机制,使得微信体育健康传播能够在满足用户个性化需求的同时,实现从点到面、由浅入深的传播效果,让体育健康信息在不同层次的用户群体中都能得到有效的传播和扩散。

(三)借助强社交关系链的信任传递与效果强化机制

微信深厚的社交关系链是其体育健康传播机制的一大特色,基于熟人之间的信任关系,体育健康信息在传播过程中呈现出独特的信任传递模式,进而对传播效果起到了显著的强化作用。

1. 熟人信任提高信息接受度

在微信平台上，朋友、亲属、同事等熟人关系构成了紧密的社交网络。当体育健康信息通过朋友圈分享或者群聊转发在这个网络中传播时，熟人之间的信任因素会极大地影响用户对信息的接受程度。当一位在健康领域颇有研究的朋友在朋友圈分享一篇关于健康饮食的科普文章，并附上自己的简短推荐语时，基于对这位朋友专业素养和人品的信任，其他朋友往往会更认真地阅读该文章，更倾向于相信文章中的观点和建议，这种信任背书使得信息在初始传播阶段就具备了较高的可信度，更容易突破用户的心理防线，进入其认知视野，为后续的进一步传播和对用户行为产生影响奠定了良好的基础。

2. 涟漪效应扩大传播范围

熟人之间信息传播还会产生涟漪效应，一条体育健康信息在朋友圈或群聊中被分享后，可能会引发其他熟人的再次分享，如此层层扩散，使得信息能够在相对封闭但信任度极高的社交圈子内持续传播，覆盖范围不断扩大。某个微信群里有人分享了一个适合上班族的简易健身操视频，群成员觉得实用便纷纷转发到自己的其他群聊或者朋友圈，吸引了更多朋友的关注和尝试。随着越来越多的人参与分享，这个健身操视频的传播范围就会从最初的小群逐渐扩散到更大的社交圈子，进而影响更多人对健身的态度和行为，实现了传播效果的放大。

3. 互动反馈巩固传播效果

基于强社交关系链的传播并非单向的信息传递，而是伴随着丰富的互动反馈。当用户接收到来自熟人的体育健康信息后，会通过评论、点赞、私信等方式与分享者或其他共同好友进行交流，分享自己的看法、疑问或者实践经验。这种互动不仅加深了用户对体育健康信息的理解和记忆，还能让分享者根据反馈进一步完善后续的传播内容或方式，同时也在社交圈子内营造出积极的体育健康传播氛围，使得大家更加关注和重视体育健康话题，进一步巩固了传播效果，促使体育健康信息在社交网络中持续发挥影响力。

借助强社交关系链的信任传递与效果强化机制，微信体育健康传播能够凭借人际传播的优势，在相对小众但紧密的社交圈子内实现高效、深入且持久的传播，将体育健康理念和知识更有效地传递给每一位用户，并促使其转化为实际的健康行为。

（四）融合多元服务与创新体验的传播拓展机制

微信通过不断融合多种服务功能，为体育健康传播创造了丰富多样的创新体验，从多个维度拓展了传播的边界和形式，使体育健康传播更加立体、生动且富有吸引力。

1. 小程序应用提升参与便捷性

微信小程序在体育健康传播领域的应用日益广泛，为用户提供了诸多便捷的服务功能，从而提升了用户参与体育健康活动的积极性和便捷性，也间接推动了传播效果的提升。例如，各类运动打卡小程序允许用户轻松记录自己的运动数据，如跑步里程、运动时长、消耗热量等，同时还能设置目标、查看运动轨迹以及生成运动报告等，方便用户对自己的运动情况进行管理和分析；健身课程预约小程序则让用户可以根据自己的时间和喜好，在线预约线下健身房的课程或者线上的直播健身课程，解决了用户寻找合适健身资源的烦恼。这些小程序功能与体育健康传播相结合，使得用户在参与体育健康活动的过程中自然而然地成为传播的一部分，他们会通过分享自己的运动打卡记录、课程体验等内容，带动身边的朋友一起参与，拓宽了传播的渠道和受众群体。

2. 线上线下活动结合丰富传播形式

微信巧妙地将线上传播与线下体育健康活动相融合，打造出丰富多样的传播形式，打破了线上线下的界限，让用户在不同场景下都能深度参与体育健康传播。例如，线下举办的马拉松赛事可以通过微信公众号进行赛前报名宣传、赛中实时报道以及赛后成绩查询等，同时鼓励参赛选手和观众在朋友圈分享赛事精彩瞬间、个人参赛感受等内容，将线下赛事的影响力延伸到线上；线上发起的健身挑战活动也会组织线下见面会、分享会等，让参与者有机会面对面交流健身经验、建立社交联系。这种线上线下结合的方式，不仅丰富了体育健康传播的内容和形式，还增强了用户的参与感和体验感，吸引了更多人关注并参与到体育健康活动中来，扩大了传播的覆盖面和影响力。

3. 多媒体融合增强内容吸引力

微信在传播体育健康内容时，善于运用多媒体融合的方式，将文字、图片、音频、视频等多种元素有机结合，使内容更加生动形象、富有吸引力。公众号文章中会嵌入相关的视频教程、音频讲解，让原本枯燥的知识变得鲜活起来；朋友圈分享的图片和短视频能够更直观地展示体育活动的精彩瞬间或健康生活的美好场景，引发朋友们的兴趣和关注；群聊中也可以分享各类体育健康相关的多媒体资料，方便成员们更好地交流和学习。通过多媒体融合的呈现方式，微信体育健康传播能够满足不同用户的感官需求和接受习惯，提高用户对信息的关注度和留存率，进一步提升了传播的效果。

微信通过融合多元服务与创新体验的传播拓展机制，不断探索体育健康传播的新模式、新路径，在满足用户多元化需求的同时，有效拓展了体育健康传播的维度和深度，使其在社交媒体体育健康传播领域展现出独特的优势和强大的生命力。

综上所述，微信体育健康传播机制依托多元主体分层协作建构传播生态，借助精准推送与场景适配传播内容，依靠强社交关系链强化传播效果，并通过融合多元服务与创新体验拓展传播边界，形成了一套独具特色且行之有效的传播模式。当然，微信体育健康传播也面临着一些挑战，比如传播范围相对局限于社交圈子内、信息传播的开放性不足等问题，需要在后续发展中不断与其他平台协同合作，取长补短，以更好地服务于体育健康传播事业的整体发展。

三、体育健康社区传播：兴趣聚合导向的专业知识共享与社群传播内生机制

（一）用户分层精准聚集与兴趣驱动的社群建构机制

体育健康社区依据用户在体育专业水平、兴趣爱好、参与目的等多方面的差异进行分层，通过精准的定位与针对性的功能设置，吸引同类型用户聚集在一起，形成一个个以兴趣为核心驱动力的社群，建构起富有特色的传播生态。

1. 基于体育专业水平的分层聚集

体育健康社区涵盖了从专业运动员、体育教练、体育科研人员等组成的专业层，到普通体育爱好者、健身初学者等构成的大众层的广泛用户群体。专业层用户往往在社区中扮演着知识输出与深度交流引领者的角色，他们会分享前沿的体育科学研究成果、专业的运动训练技巧以及高水平赛事的专业分析等内容。例如，在专业体育论坛的某些板块，专业教练会详细讲解特定运动项目的战术布置、运动员体能训练方法等专业知识，为其他有更高专业需求的用户提供极具价值的参考。而大众层用户则更多地聚焦于日常体育锻炼经验分享、基础健康知识学习以及以健身为目的的交流互动，像健身APP社区里，初学者会询问如何正确使用健身器材、如何制订适合自己的健身计划等问题，大家互相交流心得，共同成长。

2. 依据兴趣爱好的细分汇聚

不同的体育健康社区围绕各类体育项目或健康主题进行细分，如篮球社

区、瑜伽社区、营养健康社区等,使得有着相同兴趣爱好的用户能够精准聚集。在篮球社区里,球迷们热衷于讨论篮球赛事的战况、球员的表现、篮球技巧的提升等话题;瑜伽社区中,爱好者们则专注于分享不同瑜伽体式的练习感受、瑜伽对身心健康的益处以及适合的练习频率等内容。这种基于兴趣的细分汇聚,让用户在社区内能够找到志同道合的伙伴,更愿意深入参与到与自身兴趣紧密相关的体育健康话题讨论中,增强了社区的黏性和活跃度,也使得体育健康信息能够在特定兴趣群体内高效传播。

3.围绕参与目的的分类聚合

从参与体育健康活动的目的来看,社区又吸引了以竞技提升、追求健康生活方式、单纯休闲娱乐等为目标的不同用户群体。以竞技提升为目的的用户会在社区中寻求专业的训练指导、参与竞技技巧的讨论以及了解赛事参与的相关信息;注重健康生活方式的群体更关注健康饮食、日常保健、慢性疾病预防等方面的知识分享;而将体育作为休闲娱乐的用户则热衷于交流轻松有趣的体育活动体验、分享体育周边趣事等。通过这样的分类聚合,体育健康社区满足了不同用户的个性化需求,营造出多元且有针对性的传播环境,促进体育健康信息在各群体间有序流动与传播。

这些分层聚集的用户在社区内通过各种互动方式,如发帖、回帖、私信交流、参与社区活动等,形成了一个相互关联、相互影响的社群网络,共同推动体育健康信息在各自感兴趣的领域内深度传播,建构起具有高度专业性和针对性的传播生态。

(二)专业内容深度生产与互动交流的知识共享机制

体育健康社区是体育专业知识与健康实践经验汇聚的重要场所,其通过多种方式促进专业内容的深度生产,并借助成员间频繁且深入的互动交流,实现知识的共享与传播,形成了一套独特的知识传播体系。

1. 多源的专业内容生产渠道

在体育健康社区内，专业内容的来源丰富多样。一方面，专业体育人士、健康专家会主动分享他们的专业见解和研究成果，这些内容具有较高的权威性和专业性，为整个社区的知识传播奠定了坚实基础。例如，体育科研人员会在相关社区发布关于运动生理学、运动心理学等领域的最新研究发现，介绍如何运用科学原理提升运动表现或促进心理健康；医学专家则会分享各类疾病与体育锻炼之间的关系、不同人群的健康管理方案等知识。另一方面，广大普通用户在长期的体育实践过程中积累的个人经验、独特见解以及实际案例也是专业内容的重要组成部分。比如，一位长期坚持长跑的用户分享自己在应对跑步伤痛、调整跑步节奏方面的经验，或者一位健身达人总结的通过特定健身动作塑造身材的心得等，这些来自民间的实践经验往往更具贴近性和可操作性，与专业知识相互补充，共同丰富了社区内的专业内容资源。

2. 深度的内容组织与呈现形式

为了便于知识的传播与交流，体育健康社区对专业内容有着特定的组织和呈现方式，通常以主题帖、精华帖、置顶帖等形式对重要且优质的内容进行分类展示，方便用户查找和浏览。主题帖一般围绕一个具体的体育健康话题展开详细讨论，如"如何提高篮球投篮命中率""瑜伽冥想对心理健康的作用机制"等，发帖者会在帖子中系统阐述相关知识、分析问题、提出自己的观点，并附上实际案例或数据支撑；精华帖则是经过社区管理员或成员推荐，筛选出的具有较高价值、内容全面且深入的帖子，往往成为其他用户学习和参考的典范；置顶帖多为社区内的重要通知、最新的专业资讯或者热门话题引导等内容，确保用户能够第一时间获取关键信息。通过这种有组织的内容呈现形式，社区内的专业知识得以清晰、有序地展示在用户面前，方便大家深入学习和探讨。

3.互动交流驱动的知识共享与深化

成员之间围绕专业内容展开的互动交流是体育健康社区知识传播的核心环节。用户通过回复帖子发表自己的看法、提出疑问、分享不同的实践经验或者补充新的知识点，形成多维度的知识碰撞与交流。例如，在一个关于运动损伤康复的帖子下，有的用户会分享自己尝试过的康复方法及效果，有的会询问专业康复机构的选择建议，还有的会从医学原理角度对某种康复手段进行分析。大家在交流中相互学习、相互启发，使得关于运动损伤康复的知识不断得到完善和深化。这种互动交流不仅促进了个体对体育健康知识的掌握，还通过知识的共享，让整个社区的知识储备更加丰富，提升了社区在体育健康领域的专业性和权威性，吸引更多用户参与到知识传播与交流中来，形成一个良性循环，推动体育健康知识在社区内持续传播和不断拓展。

（三）社区氛围营造与用户归属感强化的互动参与机制

体育健康社区注重营造积极向上、鼓励分享和互动的良好氛围，通过一系列规则、互动方式以及文化建设，增强用户的参与度和忠诚度，强化用户对社区的归属感，从而保障体育健康信息在社区内的稳定、持续传播。

1.激励性规则促进内容分享

社区通常设立各种激励性规则来鼓励用户积极分享有价值的体育健康内容。例如，设置积分奖励制度，用户发布优质的帖子、回复他人的问题、参与社区活动等行为都能获得相应积分，积分可以用于兑换社区内的虚拟礼品、优先参与某些专属活动或者提升用户等级等。这种激励机制激发了用户的积极性，促使他们更愿意将自己的体育健康经验、见解以及资源分享出来，为社区的内容建设贡献力量。同时，社区还设有优质内容推荐机制，管理员或版主会定期筛选出高质量的帖子进行推荐、置顶或加精处理，让优质内容获得更多的曝光机会。这不仅对创作者是一种肯定和鼓励，也引导着其他用户向高质量内容创作方向发展，提高了整个社区的内容质量和传播价值。

2.便捷互动方式建构社交体验

为了方便用户之间随时进行交流互动，体育健康社区打造了多种便捷的互动方式，如评论、私信、点赞、关注等功能一应俱全。评论功能让用户能够针对具体的帖子内容即时发表自己的看法、提出建议或者分享感受，形成热烈的讨论氛围；私信功能则为用户提供了一对一深入交流的渠道，方便他们就一些较为私密或专业性较强的问题进行沟通；点赞功能用于表达对他人内容的认可和喜爱，能够快速反馈用户对某一内容的态度，也在一定程度上激励着创作者继续分享优质内容。通过这些互动方式，用户之间建立起了紧密的社交联系，形成了良好的社交体验，让他们在社区中不仅能够获取体育健康知识，还能满足社交需求，增强了对社区的认同感和依赖感。

3.社区文化培育增强归属感

积极培育具有特色的社区文化是体育健康社区强化用户归属感的重要手段。社区倡导相互支持、良性竞争、共同进步的价值观，鼓励用户在追求体育健康目标的过程中互帮互助、分享快乐。例如，在运动项目专属社区中，成员们会为彼此在比赛中的精彩表现加油助威，在训练中遇到困难时相互鼓励、提供帮助；在健身社区里，大家会分享自己通过坚持锻炼取得的成果，激励其他成员不断努力。这种充满正能量的社区文化让用户感受到自己是社区大家庭中的一员，产生强烈的归属感，愿意长期留在社区内参与各种活动、分享体育健康信息，使得社区成为一个具有强大凝聚力和向心力的传播平台，保障了体育健康传播的稳定性和持续性。

（四）特色功能创新驱动与场景融合的传播拓展机制

体育健康社区根据自身定位和用户需求，开发了一系列特色功能，并将这些功能与不同的应用场景相融合，为体育健康传播注入新的活力，有效拓展了传播的范围、深度和形式,打造出独特的传播优势。

1. 功能创新服务特定需求

不同类型的体育健康社区推出了各具特色的功能来满足用户在体育健康传播方面的特定需求。以健身APP社区为例,其运动数据对比分析功能深受用户喜爱。用户可以将自己的运动里程、运动时长、消耗热量、心率变化等数据与其他用户进行对比,直观地了解自己在运动中的表现以及与他人的差距。这不仅激发了用户的竞争意识,促使他们更积极地参与运动、努力提升运动效果,还通过数据分享和交流,衍生出众多关于运动计划调整、运动技巧改进等方面的话题,丰富了体育健康传播的内容。又如,运动项目专属社区的赛事组织与报名功能,方便用户参与线下的各类体育赛事,同时在赛事筹备过程中,社区会围绕赛事进行全方位的宣传推广,如发布赛事规则、参赛选手风采展示、赛事预告等内容,吸引更多用户关注赛事,扩大了体育项目的影响力,也为体育健康信息在赛事场景下的传播提供了有力支撑。

2. 线上线下场景融合拓展传播维度

体育健康社区善于将线上传播与线下活动进行有机融合,打破了传统传播的时空限制,拓展了传播的维度。例如,线下举办的体育健康讲座、健身培训、户外运动等活动,社区会通过线上平台提前进行宣传推广,发布活动详情、报名方式、嘉宾介绍等信息,吸引用户参与;在活动过程中,鼓励参与者实时分享现场照片、视频以及自己的感受和收获,通过线上社区进行传播,让未能参加的用户也能了解活动情况,产生参与的兴趣;活动结束后,还会组织线上的总结分享、交流讨论等环节,进一步增强活动的影响力和传播效果。同样,线上发起的体育健康话题讨论、线上竞赛等活动,也会引导用户在线下进行实践和交流,如线上发起的健身打卡挑战,用户在完成打卡后会组织线下的见面交流活动,分享健身经验、互相监督鼓励,增强了用户之间的黏性和对社区的归属感,同时也让体育健康传播从线上延伸到线下,形成全方位、多场景的传播格局。

3.跨领域融合创新丰富传播形式

部分体育健康社区还尝试进行跨领域融合创新，将体育健康与文化、娱乐、科技等领域相结合，创造出更具吸引力和新颖性的传播形式。比如，一些社区会联合文化机构举办体育主题的摄影比赛、征文活动等，让用户通过不同的艺术形式展现体育之美、健康之态，在丰富用户业余生活的同时，也借助文化作品的传播，扩大体育健康理念的影响力；与娱乐领域结合，邀请体育明星进行线上互动、直播访谈等，借助明星效应吸引更多粉丝关注社区，提升体育健康话题的热度；利用科技手段，如虚拟现实（VR）、增强现实（AR）技术，为用户提供沉浸式的体育健康体验，如虚拟健身课程、运动场景模拟等，让用户在新奇的体验中更好地学习体育健康知识，提高参与度，进一步拓展了体育健康传播的边界和形式，使传播更具创新性和吸引力。

综上所述，体育健康社区传播机制凭借用户分层精准聚集建构社群、专业内容深度生产与互动交流共享知识、营造良好氛围强化用户归属感以及特色功能创新驱动与场景融合拓展传播等特点，形成了一套适应体育健康爱好者专业交流、深度参与需求的传播模式。然而，这种传播机制也存在一些局限性，如社区相对的封闭性可能导致信息传播范围受限、专业性门槛可能会使部分新手用户望而却步等。在未来发展中，体育健康社区需要进一步加强开放性，优化用户引导机制，加强与其他社交媒体平台协同合作，以更好地发挥其在体育健康传播领域的优势，为全民体育健康素养的提升贡献更大力量。

第三节　社交媒体体育健康传播中用户的认同建构

在社交媒体蓬勃发展的当下，体育健康传播已成为人们获取信息、交流互动以及塑造生活方式的重要领域。社交媒体凭借其开放性、即时性和互动性等特点，不仅改变了体育健康信息的传播路径与方式，也深刻影响着用户对这一传播过程的认知与感受。在这样的传播情境中，用户的认同建构逐渐成为理解社交媒体体育健康传播效果与影响的关键因素。

用户的认同建构涵盖了多个层面，从内在的心理感受，到对传播内容价值的判断，再到自我身份在传播中的定位以及对整体文化内涵的融入，它们相互交织、层层递进，共同塑造了用户在社交媒体体育健康传播中的参与度、忠诚度以及行为倾向。深入探究用户在这一过程中的认同建构机制，有助于我们更好地把握社交媒体体育健康传播的内在规律，进而优化传播策略、提升传播效果，更有效地引导用户形成积极健康的体育生活方式，促进体育健康事业在社交媒体时代的蓬勃发展。

下面将从心理认同、价值认同、身份认同以及文化认同这四个维度，深入剖析社交媒体体育健康传播中用户认同建构的具体过程与作用机制，揭示不同层面认同之间的相互联系以及对传播实践的深远影响。

一、心理认同：契合心理需求的初始认同建构

在社交媒体体育健康传播的复杂生态中，用户的心理认同建构处于基础性地位，犹如基石般支撑着用户后续更深层次的认同发展。而这种心理认同的形成，核心在于社交媒体平台能否契合用户在体育健康传播方面的各类心理需求，通过满足这些需求来促使用户建构起初始的认同。

随着社交媒体在体育健康领域影响力的不断扩大，众多用户积极投身于这一信息传播与交流的场域。然而，用户之所以愿意持续参与其中，并不仅仅是因为信息的存在，更关键的是其内心的心理需求在传播过程中得到了回应与满足。深入探究这些心理需求以及相应的认同建构机制，有助于我们从根源上理解用户参与社交媒体体育健康传播的动机，进而为优化传播策略、

提升传播效果提供有力依据。

（一）心理需求的类别与表现

通过对大量社交媒体用户在体育健康传播场景下的行为观察、深度访谈以及相关数据统计分析，我们发现用户的心理需求主要体现在以下几个关键方面。

1. 信息获取需求

在追求健康生活方式以及对体育赛事、健身活动充满兴趣的驱动下，用户渴望获取全面、准确且及时的体育健康信息。他们希望了解最新的体育赛事赛程、赛况，运动员的动态，各类健身方法、运动技巧以及健康养生知识等内容。健身新手迫切需要知道如何正确使用健身器材、制订适合自己的锻炼计划；体育爱好者则热衷于获取大型赛事的独家资讯和幕后故事。社交媒体平台上丰富多样的体育健康内容，无论是微博上体育媒体账号发布的简短赛事快讯，还是体育健康社区里专业人士撰写的详细健身教程，都在试图满足用户这一需求。

2. 社交互动需求

人具有天然的社交属性，在参与体育健康传播过程中，用户期望与他人建立联系、交流心得、分享体验，从而获得情感上的共鸣和归属感。社交媒体提供的便捷互动功能，如点赞、评论、转发、私信以及各类话题讨论区、群组等，为用户创造了广阔的社交空间。比如，在微信的体育健康相关群聊里，大家围绕一场精彩的足球比赛各抒己见，分享自己的观赛感受、预测比赛结果，通过这种互动，用户感受到自己是体育爱好者群体中的一员；在微博上，体育明星发布的健身日常微博能吸引众多粉丝评论互动，粉丝们借此与偶像近距离交流，满足了自身的社交愿望。

3.娱乐消遣需求

体育健康相关内容本身蕴含着丰富的趣味性元素,从体育赛事中的精彩瞬间、运动员的趣闻轶事,到健身达人充满创意的锻炼视频等,都具备娱乐价值。用户在浏览社交媒体时,希望通过这些轻松有趣的内容缓解生活压力、获得愉悦的消遣体验。像抖音等短视频平台上,一些幽默诙谐的体育挑战视频常常能收获极高的点赞量和分享量,就是因为满足了用户的娱乐消遣心理需求。

(二)基于心理需求契合的认同建构过程

1.信息获取需求契合与认同

当社交媒体平台能够精准地推送符合用户兴趣的体育健康信息,并且保证信息的质量和时效性时,用户便会开始对该平台产生认同感。许多用户会根据自己关注的体育项目,在微博上设置个性化的推送偏好,平台依据算法推荐相关赛事报道、运动员访谈等内容,使用户每次打开微博都能获取自己期待的信息,久而久之会认可微博在体育健康信息传播方面的能力,形成最初的心理认同。同样,在体育健康社区中,那些经过专业筛选和整理的精华帖子,涵盖了系统的健身知识、健康科普等内容,满足了用户深入学习的需求,进而让用户觉得该社区是获取专业体育健康信息的可靠来源,形成对社区的心理认同。

2.社交互动需求契合与认同

便捷且活跃的社交互动功能是社交媒体吸引用户参与体育健康传播的重要因素。用户在参与话题讨论、与其他用户交流互动的过程中,如果感受到自己的观点被重视、能够与志同道合的人建立良好的社交关系,就会对平台的社交属性产生认同。以微信体育健康群聊为例,当一位用户分享自己的运动伤病康复经验后,得到了其他群成员的积极回应,大家纷纷提供建议、分享类似经历,这种温暖且富有建设性的互动氛围,会让分享者觉得在这个平台上能够实现有意义的社交交流,从而增强对微信在体育健康传播中社交功能的认同。在微博上,热门体育健康话题下众多用户的参与互动形成了一种热闹的社交场景,用户在其中发表评论、转发内容,随着参与次数的增加,他们逐渐认同微博作为一个可以广泛交流体育健康话题的社交平台。

3. 娱乐消遣需求契合与认同

社交媒体通过多样化的内容呈现形式,将体育健康信息以更具娱乐性的方式展现出来,满足用户的娱乐消遣需求,进而赢得用户的心理认同。一些体育类短视频账号会制作创意十足的体育知识科普动画,用幽默的语言和形象的画面讲解复杂的体育规则或健身原理,让用户在轻松一笑的同时学到知识,这种寓教于乐的方式使得用户对该账号以及所在平台产生好感,形成认同。在体育健康社区举办的线上趣味运动会、体育知识竞赛等活动,将体育健康与娱乐元素巧妙融合,参与者在享受活动乐趣的同时,也对社区营造的娱乐氛围以及整个传播环境产生认同,愿意继续参与其中,探索更多有趣的体育健康内容。

综合上述,社交媒体体育健康传播中用户的心理认同建构是一个基于心理需求契合的动态过程。信息获取、社交互动以及娱乐消遣这三方面的心理需求相互交织、共同作用,当平台能够通过优质的内容、便捷的社交功能以及富有娱乐性的呈现方式满足这些需求时,用户便会建构起对该平台在体育健康传播方面的初始认同。

这种初始认同不仅影响着用户当下对平台的使用态度和参与频率,更为后续价值认同、身份认同以及文化认同的形成奠定了基础。不同用户群体可能在不同心理需求的侧重点上有所差异。年轻群体可能更注重娱乐消遣和社交互动,而专业体育人士或健康从业者则更看重信息获取的专业性和深度。因此,在实际的社交媒体体育健康传播实践中,传播者需要充分洞察不同用户群体的心理需求特点，有针对性地优化传播策略，提供多元化、个性化的体育健康传播服务，以更好地促进用户的心理认同建构，提升用户在整个体育健康传播生态中的参与度和忠诚度，推动社交媒体体育健康传播事业的可持续发展。

二、价值认同：基于价值感知的认同深化塑造

在社交媒体体育健康传播中，用户基于心理认同的基础之上，会进一步通过对传播内容及活动所蕴含价值的感知，来深化对这一传播过程的认同，从而形成价值认同。价值认同在用户认同建构体系中起着承上启下的关键作用。它既是心理认同的延伸与升华，又为后续的身份认同和文化认同奠定了价值导向基础。

随着社交媒体与体育健康领域融合程度的日益加深，用户参与传播活动已不再局限于满足基本的心理需求，而是开始更加深入地审视其中所蕴含的价值。这种价值既包含了对个人实际生活产生的实用价值，也涵盖了在社会层面所传递的积极价值观念，以及个人在参与过程中实现的自我价值。理解用户如何感知这些价值并实现认同的深化，对于把握社交媒体体育健康传播对用户深层次影响的机制，具有重要的理论与实践意义。

（一）价值感知的不同维度及体现形式

通过对社交媒体体育健康传播实践的多方位观察、对不同类型用户的深度访谈以及相关数据的综合分析，发现用户对价值的感知主要体现在以下几个维度。

1. 实用价值感知

社交媒体平台为用户提供了丰富多样的体育健康信息，这些信息往往具有很强的实用性，能够直接应用到用户的日常生活和体育锻炼实践中。例如，

各种健身教程详细介绍了不同运动项目的正确训练方法、动作要领以及针对不同身体部位的锻炼技巧，用户按照这些教程进行锻炼，能够切实提高身体素质、塑造良好体态，达到预期的健身效果；健康养生知识涵盖了合理饮食搭配、疾病预防、心理健康调节等内容，帮助用户养成健康的生活习惯，提升生活质量。以微信公众号上的一些专业健身类账号为例，它们定期推送的"一周健身计划""上班族缓解疲劳的运动方案"等文章，因其具有明确的实践指导价值，深受用户欢迎。用户在实际运用这些知识并获得成效后，便会深刻感知其实用价值所在。

2. 社会价值观念感知

体育健康传播在社交媒体环境下承载着诸多积极的社会价值观念，如倡导健康生活方式、弘扬体育精神（包括拼搏进取、团队合作、公平竞争等）以及传播关爱身心健康的理念等。在体育赛事的传播过程中，运动员们为了荣誉奋力拼搏、克服重重困难的故事，通过社交媒体的广泛传播，激励着无数用户在生活中也要勇于面对挑战，坚持不懈地追求目标；在健身社区里，大家相互鼓励，分享健康生活点滴，营造出积极向上的氛围，传递出团结互助、共同进步的价值观念。奥运会期间，微博上大量关于各国运动员感人瞬间的话题讨论，以及对奥运精神的宣扬，让用户在参与互动的过程中，受到这些正能量价值观的感染，进而在内心对社交媒体体育健康传播所传递的社会价值观念产生认同。

3. 自我价值实现感知

用户在社交媒体体育健康传播中不仅是信息的接收者，同时也是积极的参与者和创造者。当用户分享个人的体育健康经验、见解、成果或者发起相关话题讨论时，若能得到其他用户的认可、点赞、评论和转发，便会感受到自己的观点和实践是有价值的，能够为他人提供帮助或启发，从而实现了一定的自我价值。一位长跑爱好者在体育健康社区分享自己多年的长跑心得，包括如何调整呼吸、选择合适的跑鞋以及应对长跑中的疲劳期等经验，受到了众多跑友的好评与感谢。这使他觉得自己在这个传播过程中发挥了积极作用，获得了一种成就感，进而更加积极地参与其中，对社交媒体体育健康传播所提供的自我价值实现平台产生了强烈认同。

（二）基于价值感知的认同深化过程

1. 实用价值认同深化

用户在实际运用社交媒体所提供的体育健康实用信息并取得良好效果后，会对该平台以及相关传播内容的信任度和认同感大幅提升。用户会将这些平台视为获取有价值知识的重要渠道，不仅会持续关注，还会主动向身边的人推荐。这种行为表明他们对社交媒体体育健康传播实用价值的认同得到了进一步深化，从最初的尝试应用转变为长期的信赖与认可。

2. 社会价值观念认同深化

当用户不断接触并被传播内容中的积极社会价值观念所影响时，这些观念会逐渐内化为他们自身的价值取向，并在生活的各个方面体现出来。受到体育赛事中团队合作精神的感染，一些用户在工作和生活中更加注重与他人协作，积极参与团队活动；受健康生活理念的影响，更多人开始主动调整作息、合理饮食、坚持锻炼。这种价值观念在行为上的转化体现了用户对社交媒体体育健康传播所传递的社会价值观念认同的深化。他们不再仅仅是被动接受，而是主动践行并传播这些价值观，使得认同从认知层面深入到行为层面，更加稳固和持久。

3. 自我价值实现认同深化

随着用户在社交媒体体育健康传播中获得的自我价值感不断增强，他们会更加积极地投入到内容分享、互动交流以及社区建设等活动中，期望通过发挥自己更大的影响力来实现更多的自我价值。比如，一些在体育健康领域有一定专业知识的用户，会主动撰写专业文章、制作教学视频并发布在平台上，以帮助更多的人解决体育健康方面的问题；还有的用户会组织线上线下的体育健康活动，搭建交流平台，促进更多人参与到体育健康事业中来。这种不断投入和积极参与的行为，反映出用户对自我价值实现的追求以及对社交媒体体育健康传播在这方面所提供机会的深度认同，使其在传播过程中的角色从单纯的参与者逐渐向推动者转变，进一步深化了整体的价值认同。

综上所述，在社交媒体体育健康传播中，用户的价值认同是基于对实用价值、社会价值观念以及自我价值实现等多维度价值感知的基础上，通过实践应用、观念内化以及积极参与等过程逐步深化塑造而成的。这种价值认同的深化不仅使用户更加深入地融入社交媒体体育健康传播活动中，还促使他们将传播所承载的价值观念融入自身的生活理念与行为实践中，进而对其在体育健康领域的认知、态度和行为产生深远影响。不同用户群体在价值感知的侧重点和认同深化的路径上可能存在差异。年轻用户可能更注重自我价值实现，通过在社交媒体上展示自己的体育特长和健康生活方式来获得他人认可；而中老年用户则可能更看重实用价值和社会价值观念，更倾向于获取切实有助于健康养生的知识以及受到积极向上价值观的引导。

因此，在社交媒体体育健康传播实践中，应充分考虑不同用户群体的价值需求特点，有针对性地传播相应价值内容，搭建多样化的价值实现平台，以更好地促进用户价值认同的深化塑造，提升传播效果，推动体育健康传播朝着更具价值引领性的方向发展。

三、身份认同：依循身份定位的认同巩固构筑

在社交媒体体育健康传播情境下，用户基于前期已建立的心理认同和价值认同，进一步通过对自身在该传播场景中所处身份的定位与塑造，来巩固和构筑身份认同。身份认同是用户将自身与社交媒体体育健康传播活动紧密

相连的重要环节，使得用户在这一特定领域中找到归属感与角色定位，进而更深入地参与其中并持续强化对整个传播过程的认同。

社交媒体已成为体育健康信息传播与交流的核心平台，众多用户活跃其中，各自扮演着不同的角色，展现出多样化的行为特点。在这个过程中，用户并非简单地接收和传播信息，而是会依据自身的兴趣、能力以及参与程度等因素，去主动探寻并明确自己在体育健康传播中的身份。深入探究用户如何依循身份定位来巩固身份认同，对于理解社交媒体体育健康传播如何影响用户的自我认知以及他们与传播活动之间的深度联系具有关键意义，同时也有助于揭示传播效果得以长效维持的内在机制。

（一）身份定位的依据与表现形式

通过对社交媒体平台上体育健康传播相关行为数据的收集分析、用户的深度访谈以及长期的案例观察，发现用户进行身份定位主要依据以下几个方面，并呈现出相应的表现形式。

1. 兴趣爱好导向的身份定位

用户往往会根据自己对不同体育项目、健康领域的兴趣爱好来确定自身在社交媒体体育健康传播中的身份。热爱篮球运动的用户，会频繁在微博上关注篮球赛事的官方账号、篮球明星动态，参与篮球话题讨论，在篮球社区里与其他球迷深入交流战术分析、球员表现，以及分享自己的观赛体验和打球心得等。通过这些持续且专注的行为，他们将自己定位为"篮球爱好者"这一身份角色，并且在与其他篮球爱好者的互动过程中不断强化这一认知，使该身份愈发清晰和明确，在特定的兴趣圈子里找到属于自己的身份标识。

2. 能力水平参照的身份定位

用户会参照自己在体育健康领域的专业能力和实践水平，与其他用户进行对比，进而确定自己的身份。在健身社区中，这种情况尤为明显。对于那些拥有专业健身知识、具备丰富训练经验且能展示出良好身材成果的用户来说，他们往往会被视为"健身达人"或"健身专家"，在社区里扮演着知识分享者和经验传授者的角色，为其他新手或普通爱好者提供指导和建议；而刚接触健身不久，还处于学习摸索阶段的新手用户，则会将自己定位为"健身初学者"，他们更多的是在社区里寻求帮助、学习基础知识，通过向达人请教、参考他人成功经验来提升自己。通过这种与他人能力水平的对比参照，用户明确了自己在体育健康传播中的相对位置，从而确定了相应的身份，并且随着自身能力的变化，身份定位也会随之动态调整。

3. 参与角色侧重的身份定位

在社交媒体体育健康传播活动中，用户因参与方式和侧重点的不同，也会形成不同的身份角色认知。有些用户擅长总结归纳体育健康知识，将其整理成有条理的文章、教程等内容分享出去，成为"知识贡献者"；部分用户善于组织线上线下的体育活动，发起健身打卡挑战、举办体育赛事观赛聚会等，他们便扮演着"活动组织者"的角色；还有些用户热衷于参与各种话题讨论，积极发表自己的观点，回复他人的评论，充当活跃的"交流参与者"。不同的参与角色让用户在传播过程中有了明确的身份定位，他们基于自己所承担的角色与其他用户进行互动，在得到他人认可和反馈的过程中，进一步巩固对自身身份的认同。

（二）基于身份定位的认同巩固过程

1. 兴趣爱好导向身份认同的巩固

当用户以兴趣爱好为导向确定身份后，他们会主动融入相应的兴趣群体，通过持续参与话题讨论、分享与兴趣相关的内容以及与共同爱好者建立深厚的社交关系来巩固身份认同。作为"篮球爱好者"的用户，会定期在篮球社区里发布个人拍摄的篮球比赛精彩瞬间照片、撰写对某场比赛的深度分析文章等，与其他球迷展开热烈讨论。过程中不仅满足了个人对篮球的热爱，更重要的是得到了群体内其他成员的认同和回应，大家彼此认可对方作为篮球爱好者的身份，这种相互的认同感会让用户更加坚定自己在社交媒体体育健康传播中的"篮球爱好者"这一身份定位，强化了身份认同，使其愿意长期在这个圈子里积极参与、持续贡献内容，进一步巩固了与整个体育健康传播场景的关联。

2. 能力水平参照身份认同的巩固

对于依据能力水平定位身份的用户而言，在传播过程中通过与其他用户的互动反馈以及自身能力的持续提升来巩固身份认同。以"健身达人"为例，他们在分享专业的健身知识和经验时，若得到众多新手用户的感谢、称赞以及向其请教问题，会感受到自己作为"健身达人"的价值和影响力，从而更加认可这一身份，并且会为了维持这一身份形象，不断学习更新自己的知识体系，提升专业能力，以更好地为他人提供帮助；而"健身初学者"在向达人学习、逐渐取得进步的过程中，看到自己从对健身懵懂无知到能够掌握一定技巧、实现身体状态的改善，会越发认同自己"正在成长的健身爱好者"这一身份，增强对自身在健身传播领域中身份的认同感，进而更积极地参与社区交流，寻求更多提升机会，巩固身份认同。

3. 参与角色侧重身份认同的巩固

基于参与角色确定身份的用户，在履行相应角色职责并获得积极反馈时，其身份认同得以巩固。"知识贡献者"在看到自己撰写的体育健康文章被大量阅读、转发和点赞，收到许多读者的好评和建议后，会觉得自己所做的工作有意义，自己的角色得到了认可，进而更加用心地去挖掘有价值的知识，持续输出高质量内容，强化对自己"知识贡献者"身份的认同；"活动组织者"在成功举办一场又一场的体育活动，看到参与者们的热情参与和积极反馈，在活动后纷纷表示收获满满、期待下一次活动时，会对自己"活动组织者"的身份充满自豪感，更加积极地策划后续活动，以此巩固自己在社交媒体体育健康传播中的这一身份认同；"交流参与者"在活跃的讨论氛围中，通过与他人的思想碰撞、观点交流，感受到自己的发言受到重视，也会进一步确认自己在传播中的积极参与角色，持续投入互动交流中，巩固身份认同。

通过上述分析可知，在社交媒体体育健康传播中，用户的身份认同巩固构筑是一个依循兴趣爱好、能力水平以及参与角色等多维度身份定位，并通过相应的互动实践不断强化的过程。这一过程使得用户在传播活动中清晰地找到了自己的位置，明确了自身角色，进而与社交媒体体育健康传播建立起更为紧密且稳固的联系。不同用户群体在身份定位和认同巩固的方式与重点上可能存在差异。年轻用户可能更倾向于通过展示自己独特的兴趣爱好和积极地参与角色来塑造身份认同，而具有一定专业基础的中年用户则可能更注重依据能力水平来定位和巩固自己在体育健康传播中的专家或达人身份。

因此，在社交媒体体育健康传播实践中，应当充分关注不同用户群体的身份需求特点，提供多样化的参与机会和平台功能，鼓励用户依据自身优势进行身份塑造，帮助他们更好地巩固身份认同，从而提升用户的忠诚度和参与度，促进体育健康传播活动在社交媒体环境下的持续繁荣发展。

四、文化认同：融入文化内涵的认同升华营造

在社交媒体体育健康传播的认同建构体系中，文化认同处于较高层次，是用户在心理认同、价值认同以及身份认同基础上，将自身深度融入传播所承载的丰富文化内涵之中，进而实现认同升华的过程。文化认同不仅凝聚着用户对体育健康传播的深度情感与归属感，更是推动整个传播活动在更广泛、更深层次影响用户生活与观念的关键因素。

社交媒体为体育健康传播搭建了一个跨越时空、汇聚多元文化元素的广阔平台，体育本身蕴含着深厚的文化底蕴，竞技体育所展现的拼搏、公平、

团队协作精神，传统体育项目承载的地域文化特色，以及健康理念背后所折射出的对生命质量的追求等。与此同时，社交媒体的互动性和开放性又促使这些文化内涵在传播过程中不断交融、演变与扩散。

（一）文化内涵的多元呈现形式

通过对社交媒体平台上丰富的体育健康传播内容进行深入剖析，观察不同类型体育健康社区及话题圈子的文化生态，以及分析用户在传播互动中的文化表达与反馈，我们发现文化内涵在社交媒体体育健康传播中呈现出多元的表现形式。

1. 体育精神文化

体育精神作为体育文化的核心，在社交媒体体育健康传播中无处不在。无论是奥运会、世界杯等大型国际体育赛事，还是各类民间体育活动，所彰显出的拼搏进取、永不言弃、挑战极限的精神，通过运动员们的精彩表现以及媒体的传播报道，深深地感染着广大用户。在社交媒体上广泛传播的残奥运动员克服身体障碍、在赛场上奋力拼搏的故事，激励着无数人在面对生活困难时勇往直前，这种体育精神成为一种强大的文化力量，传递着积极向上的价值观，让用户在参与传播互动的过程中，潜移默化地受到熏陶，感知并接纳这种文化内涵。

2. 体育项目特色文化

不同的体育项目背后都有着独特的文化印记，这些印记反映了其起源地的地域文化、历史传承以及民族特色等。中国武术蕴含着深厚的中华传统文化底蕴，讲究内外兼修、刚柔并济，其动作招式融合了哲学、美学等诸多元素；日本的柔道则体现出尊重、礼仪以及坚韧的精神特质，从比赛的礼仪规范到训练方式都承载着独特的民族文化内涵。在社交媒体的传播中，用户通过了解这些体育项目的特色文化，不仅拓宽了文化视野，更在分享、讨论这些项目的过程中，使这些文化元素得以传承和扩散，成为社交媒体体育健康传播文化内涵的重要组成部分。

3. 健康生活文化

健康理念及其衍生出的生活方式也是社交媒体体育健康传播文化内涵的关键部分。倡导合理饮食、适度运动、积极心态以及身心和谐发展等健康生活文化，通过各种科普文章、健康达人的分享、社区的话题讨论等形式广泛传播。在一些健身社区里，大家会分享自己通过坚持健康的生活方式获得的身心变化，交流如何在快节奏的现代生活中保持良好的作息和饮食习惯。这种对健康生活文化的共同追求和传播，营造出一种积极、关注生命质量的文化氛围，引导着用户去认同并践行相应的生活理念。

4. 群体交流文化

社交媒体体育健康传播中形成了各式各样的群体，每个群体都有着独特的交流文化和氛围。户外运动爱好者群体充满着探索自然、挑战自我的冒险精神，他们在分享登山、徒步、骑行等经历时，传递出对大自然的热爱以及勇于突破自我的文化特质；健身打卡群则营造出一种相互鼓励、监督、共同进步的文化氛围，成员们每天分享自己的健身进展，彼此加油打气，让每一个人都感受到团队的力量。这些群体文化交流丰富了社交媒体体育健康传播的整体文化生态，也为用户提供了不同的文化体验与认同空间。

（二）基于融入文化内涵的认同升华过程

1. 文化感知与共鸣阶段

用户在日常参与社交媒体体育健康传播活动时，会接触到各种形式呈现的文化内涵，如观看体育赛事直播中运动员展现出的体育精神、阅读关于传统体育项目文化介绍的文章等。当这些文化元素与用户内心已有的价值观念、生活经验等产生契合时，便会引发他们的文化感知与共鸣。许多用户看到运动员在赛场上为了国家荣誉拼搏到最后一刻的场景，联想到自己在生活中为了实现目标所付出的努力，从而产生强烈的情感共鸣，开始对这种体育精神文化有了更深层次的感知和认同，初步建立起文化联系。

2. 文化融入与内化阶段

随着用户对文化内涵的不断接触和深入了解，他们会逐渐将这些文化元素融入自己的思想观念和行为方式中，实现文化的内化。以健康生活文化为例，用户在长期关注健身社区里关于健康饮食、规律作息等话题的讨论后，开始主动调整自己的生活习惯，将健康生活理念融入日常生活。在这个过程中，用户不仅仅是表面上接受文化信息，而是真正将其转化为自身行为准则的一部分，从内心深处认同并践行这些文化内涵，使文化认同得到进一步深化。

3. 文化传播与认同升华阶段

当用户深度认同并内化了社交媒体体育健康传播中的文化内涵后，他们会积极主动地参与到文化的传播中，成为文化传播的一部分，进而实现认同的升华。那些深受体育精神文化感染的用户，会在自己的社交媒体账号上分享运动员的励志故事、撰写感悟文章，将这种体育精神传递给更多的人；对传统体育项目特色文化感兴趣的用户，会参与相关的文化推广活动，向身边的人介绍这些项目的独特魅力，通过自己的传播行为，不仅让更多人了解和认同这些文化，也使得自己对文化的认同感更加深厚和稳固，达到了认同升华的境界。在这个阶段，用户与社交媒体体育健康传播所承载的文化内涵形成了紧密的共生关系。他们既是文化的接受者，更是文化的传播者和创造者。

综上所述，在社交媒体体育健康传播中，用户的文化认同是一个逐步融入文化内涵，历经文化感知共鸣、内化以及传播升华的过程。通过这一过程，用户实现了从对文化元素的简单知晓到深度认同、主动传播的转变，文化认同成为凝聚用户与传播活动的深层纽带，将整个社交媒体体育健康传播提升到了文化层面的高度。不同用户群体在文化认同的侧重点和升华路径上可能存在差异，年轻用户可能更容易被时尚、富有活力的现代体育文化所吸引，通过参与潮流的体育活动、传播热门体育话题来实现文化认同的升华；而年长一些的用户或许更钟情于传统体育项目所蕴含的深厚文化底蕴，通过传承和弘扬这些传统文化来强化自己的文化认同。因此，在社交媒体体育健康传播实践中，应充分考虑不同用户群体的文化偏好和需求特点，挖掘多样化的文化资源，打造丰富多元且具有针对性的文化传播内容与活动，以更好地促进用户的文化认同，推动体育健康传播在文化层面的繁荣发展，让体育健康文化在更广泛的社会范围内深入人心、传承不息。

第五章

社交媒体语境下体育健康传播的困境与对策

在当今数字化时代,社交媒体已深度融入人们的生活,成为体育健康传播的重要阵地。它打破了传统传播的时空限制,为体育健康信息的广泛扩散和多元互动创造了前所未有的便利条件,有力地推动了体育健康理念的普及以及相关知识和活动的传播。随着社交媒体体育健康传播的蓬勃发展,诸多复杂且棘手的问题也逐渐浮出水面,形成了一道道阻碍其健康、有序发展的障碍。深入剖析这些困境,并探寻行之有效的应对策略,对于优化社交媒体体育健康传播生态,充分发挥其积极作用,促进体育健康事业在新媒体环境下的可持续发展,具有至关重要的理论与实践意义。

本章节将聚焦于社交媒体语境下体育健康传播所面临的多维障碍,从主体认证、内容质量、媒介配置、传播效果评估以及传播场景等多个关键维度进行深入剖析,试图揭示问题的根源及表现形式。在此基础上,进一步提出有针对性的创新策略,旨在化解困境,为社交媒体体育健康传播的高质量发展指明方向,助力其更好地服务于广大用户以及整个社会的体育健康需求。

第一节　困境：社交媒体体育健康传播的多维障碍剖析

一、主体认证困局：社交媒体体育健康传播中的虚假信息乱象

在社交媒体体育健康传播领域，主体认证环节存在着显著的困局，出现大量虚假信息乱象，严重破坏了传播生态的健康与稳定，侵蚀着用户对体育健康信息的信任根基。

在社交媒体体育健康传播领域，主体认证困局是一个亟待解决的突出问题，其直接导致了虚假信息乱象丛生。社交媒体平台的开放性与低门槛特性，使得众多主体都能够轻易地发布体育健康相关内容，然而却缺乏严格且完善的身份认证机制。一方面，大量未经过专业资质审核的个人或团体，随意宣称自己为健身专家、健康达人等，在没有扎实专业知识储备的情况下，便肆意传播各种体育健康信息。另一方面，部分商业机构为了追求流量和利益，营造出虚假的热门氛围，干扰了用户对真实、优质信息的获取。而且，由于主体身份难以明晰，一旦出现虚假信息，很难准确追溯到源头并追究责任，这进一步纵容了此类乱象的滋生，使得整个社交媒体体育健康传播环境中真假信息混杂，用户往往难以辨别，极大地影响了传播的可信度和权威性。

二、内容质量堪忧：社交媒体体育健康信息的准确性与创新性危机

社交媒体上体育健康信息的内容质量面临着准确性与创新性两方面的严

峻危机。从准确性来看，由于缺乏专业的把关机制，很多信息在传播过程中出现了以讹传讹的现象。部分传播者在转发体育健康知识时，并未对其来源进行核实，仅凭主观臆断或者片面理解就进行二次传播，导致一些错误的健身方法、健康观念等在网络上广泛流传。

同时，在创新性方面也存在明显不足。大量的体育健康内容呈现出同质化严重的问题，千篇一律地围绕着常见的健身项目、养生话题进行重复阐述，缺乏从新颖角度、结合当下新需求去挖掘和呈现内容。例如，健身类信息往往局限于介绍几种热门的训练方式，而对于新兴的适合不同人群、不同场景的个性化健身方案却鲜有涉及，难以满足用户日益多样化、个性化的需求，久而久之，容易让用户产生审美疲劳，降低对体育健康信息的关注度和参与度，阻碍了传播效果的提升。

三、媒介配置失衡：社交媒体体育健康传播功能与监管的失衡困境

社交媒体在体育健康传播中存在着媒介配置失衡的困境，主要体现在传播功能与监管之间未能达到良好的协调与平衡。就传播功能而言，社交媒体平台虽然具备强大的信息扩散能力、互动性以及多样化的传播形式等优势，能让体育健康信息快速触达大量用户，并促进用户之间的交流互动。但与此同时，其功能的过度开发和不合理利用也引发了一些问题。例如，算法推荐系统往往过于追求流量和用户停留时长，导致一些低俗、博眼球的体育健康相关内容被大量推送，而真正有价值、专业的信息却被淹没，影响了优质内容的传播效率。

在监管方面，面对海量的体育健康传播内容，社交媒体平台的监管力度和监管手段相对滞后。平台难以实时、全面地对每一条信息进行审核，导致虚假广告、恶意营销以及违背公序良俗的内容时有出现。而且，对于违规行

为的处罚机制也不够健全，很多传播主体即便被发现存在问题，受到的惩罚也不足以起到震慑作用。这使得不良内容屡禁不止，破坏了健康有序的传播生态，使得传播功能与监管之间的失衡愈发严重，制约了社交媒体体育健康传播的良性发展。

四、效果评估困境：社交媒体体育健康传播影响力的多维衡量难题

社交媒体体育健康传播影响力的效果评估面临着复杂的多维衡量难题。传统的传播效果评估指标，如曝光量、点赞数、评论数等，虽然能够在一定程度上反映信息的传播范围和用户的参与情况，但却无法精准地体现出体育健康传播对用户实际行为改变以及健康素养提升等深层次的影响。体育健康传播效果的影响因素众多且相互交织，包括传播主体的权威性、传播内容的专业性与实用性、传播渠道的适配性以及用户自身的个体差异等，很难从中剥离出单一因素对整体效果的具体贡献程度。而且，由于缺乏统一的、科学的评估标准和专业的评估工具，不同研究和实践中所采用的评估方法各异，导致评估结果缺乏可比性，难以准确把握社交媒体体育健康传播在不同阶段、不同场景下的真实影响力，进而无法为传播策略的调整和优化提供可靠的依据，阻碍了传播效果的持续提升。

五、场景碎片化藩篱：社交媒体体育健康传播的互动与扩散阻碍

社交媒体体育健康传播面临着场景碎片化的藩篱，这给信息的互动与扩散带来了明显的阻碍。随着社交媒体的不断发展，各种不同类型的平台、功能板块以及话题圈子层出不穷，使得体育健康信息分散在众多碎片化的场景之中。例如，健身知识可能在健身类 APP 的课程板块、社交媒体的健身达人

账号、体育论坛的相关帖子等多个不同场景中传播，用户想要全面获取相关信息，需要在各个场景之间频繁切换，增加了获取成本，同时也降低了信息传播的连贯性和系统性。

在互动方面，由于场景的碎片化，用户往往只能在各自所处的小圈子内进行交流互动，难以形成大规模、跨群体的深度讨论，限制了优质体育健康信息的扩散范围和影响力。而且，不同场景下的互动规则、氛围以及用户群体特点各异，也使得信息在跨场景传播时容易出现理解偏差、传播中断等问题，无法形成有效的传播闭环，影响了体育健康信息在社交媒体环境下的高效互动与广泛扩散，不利于营造良好的传播生态，阻碍了体育健康传播整体效能的发挥。

第二节　对策：社交媒体体育健康传播的创新策略

一、主体信誉重塑：建构社交媒体体育健康传播主体的诚信体系

为解决社交媒体体育健康传播中的主体认证困局，重塑主体信誉至关重要，核心在于建构一套完善的诚信体系。首先，社交媒体平台应建立严格的入驻审核机制，针对体育健康传播主体，要求其提供详细且权威的专业资质证明，无论是健身教练、营养师，还是体育科研人员等，只有通过专业机构认证的主体才有资格发布相关内容。例如，要求健身教练上传由正规健身行业协会颁发的教练资格证书，从源头上筛选出具备专业知识和能力的传播者，减少虚假身份主体混入的可能性。

搭建主体信誉评分系统，依据传播主体所发布内容的质量、真实性以及用户反馈等多方面因素进行综合评分。对于持续输出高质量、准确无误体育

健康信息的主体给予较高的信誉评分，并在平台上进行推荐展示，提升其影响力和传播力；而对于那些发布虚假信息、误导用户的主体，则根据情节严重程度进行扣分处理，当分数低于一定标准时，限制其发布权限甚至予以封禁。通过这种奖惩分明的方式，激励传播主体自觉遵守诚信原则，积极维护自身信誉。

建立信息溯源机制，每一条体育健康信息都应能追溯到最初的发布源头，一旦发现虚假或有害信息，能够迅速精准定位责任主体，依法依规追究其责任，增加传播主体的违规成本，促使其在发布内容时更加谨慎，从而逐步在社交媒体体育健康传播领域建构起健康、诚信的传播环境，提升整体传播的可信度。

二、内容品质提升：提炼社交媒体体育健康传播的优质信息

面对社交媒体体育健康信息在准确性与创新性方面的危机，需从多方面着手提升内容品质，提炼优质信息。在确保准确性上，应引入专业的内容审核团队或借助第三方权威机构的力量，对即将发布以及已在平台传播的体育健康信息进行严格审核。鼓励传播主体创新内容创作形式与角度，挖掘多样化的体育健康话题。平台可以设立专项的创作激励计划，对于那些能够从新颖视角出发，结合当下不同人群的实际需求，创作出个性化、实用性强的体育健康内容的创作者给予一定的奖励，包括流量扶持、奖金激励等，激发创作者的创新积极性，丰富体育健康传播的内容生态，满足用户日益多元的需求。

加强对优质内容的整合与推荐，通过大数据分析用户的浏览习惯、兴趣偏好等，精准地将高质量、有创新性的体育健康内容推送给目标用户群体，提高优质信息的曝光度和传播效率，让更多用户能够获取准确且有价值的体育健康知识，进而提升整个社交媒体体育健康传播内容的品质和吸引力。

三、媒介功能强化：优化社交媒体体育健康传播的策略配置

针对社交媒体体育健康传播中媒介配置失衡的问题，强化媒介功能需要优化传播策略配置。要对社交媒体平台的算法推荐系统进行优化调整，改变以往单纯以流量为导向的推荐逻辑，增加更多考量内容质量、专业性以及对用户健康价值的权重因素。让优质的体育健康内容能够更精准地触达有需求的用户，提升传播的有效性。

完善传播渠道的整合与协同，打破不同平台、功能板块之间的信息壁垒，实现体育健康信息在多渠道间的无缝对接和高效流通。让用户在获取专业知识的同时，能够便捷地参与互动交流，拓宽信息传播的覆盖面和深度，形成全方位、多层次的传播体系。

强化平台的监管功能，加大技术投入，运用智能识别技术、大数据监测等手段，实时监测体育健康传播内容，及时发现并拦截虚假广告、恶意营销以及违背公序良俗的不良信息。同时，健全违规处罚机制，提高违规成本，对于违反平台规定的传播主体，根据情节轻重给予相应的严厉处罚，从警告、限制功能使用到永久封禁账号等，确保平台传播环境健康有序，使媒介的传播功能与监管功能达到更好的平衡，助力体育健康传播的良性发展。

四、效果精准呈现：提升社交媒体体育健康传播效果的可视化程度

为突破社交媒体体育健康传播效果评估的困境，提升传播效果的可视化程度是关键所在。借助先进的技术手段建构一套科学、全面的传播效果评估指标体系，除了传统的曝光量、点赞数等基础指标外，着重纳入能够反映用户实际行为改变和健康素养提升的深层次指标，以此来更精准地衡量传播对用户健康行为的影响。

运用数据分析技术对用户的互动行为进行深度挖掘，不仅仅关注评论、转发的数量，更要分析用户评论中的情感倾向、内容主题等，了解用户对体育健康信息的真实态度和接受程度。

定期生成可视化的传播效果报告，以直观的图表、数据对比等形式呈现给传播主体和相关研究人员，清晰展示不同阶段、不同传播策略下体育健康传播的效果变化情况，便于及时发现问题、总结经验，从而有针对性地调整传播策略，实现传播效果的持续提升，让社交媒体体育健康传播的影响力能够被准确把握和有效优化。

五、场景互动融合：打造社交媒体体育健康传播的一体化互动场景

鉴于社交媒体体育健康传播存在场景碎片化的阻碍，打造一体化互动场景势在必行。通过技术手段整合分散的体育健康传播场景，开发综合性的体育健康传播平台，或者在现有主流社交媒体平台上打造统一的体育健康专区，将各类碎片化的健身知识、体育赛事资讯、健康养生话题等内容进行集中分类展示，使用户无须在多个不同平台或板块之间来回切换，就能一站式获取全面、系统的体育健康信息，降低信息获取成本，提升信息传播的连贯性。

优化互动功能设计，在一体化场景中建立通用的互动规则和交流机制，鼓励不同背景、不同兴趣层次的用户围绕体育健康话题展开深度讨论和交流。让优质的体育健康信息能够在更广泛的范围内快速传播和扩散，形成良好的传播闭环，充分发挥互动对传播的促进作用，营造积极、活跃的社交媒体体育健康传播生态。

加强场景之间的关联与引导，通过这种场景间的有机串联，进一步增强用户对体育健康信息的整体感知和参与度，提升传播效果，助力社交媒体体育健康传播突破场景碎片化的藩篱，实现高效、有序的互动与扩散。

在对社交媒体语境下体育健康传播模式建构与机制创新进行了全面且深入的探究后，我们清晰地认识到这一领域正处于快速发展与变革的浪潮之中，既充满了无限的机遇，也面临着诸多复杂的挑战。通过对社交媒体与体育健康传播各自发展脉络的梳理，我们看到了二者融合所带来的巨大潜力，以及在当下数字化时代背景下所承载的重要使命。从传播模式的演变历程到多要素理论框架的搭建，从不同平台特性的分析到基于微信平台实践应用的具体呈现，努力勾勒出一幅完整且细致的社交媒体体育健康传播模式的图景，期望为后续的研究与实践提供坚实的参照坐标。在机制创新方面，围绕社会、媒介、运动和健康等维度展开的剖析，不仅揭示了各平台传播机制的独特之处以及用户在传播过程中的认同建构，而且深刻体会到社交媒体体育健康传播已然超越了简单的信息传递，成为一个涉及多元主体、多种要素相互作用的复杂系统，深刻影响着人们的体育参与行为以及健康生活观念的塑造。然而，不可忽视的是当前社交媒体体育健康传播所面临的多维困境，无论是主体认证的难题、内容质量的隐忧，还是媒介配置的失衡、效果评估的复杂以及场景碎片化的阻碍，都在不同程度上制约着这一领域传播效能的进一步提升。针对这些问题，本书提出了一系列相应的创新策略，旨在通过重塑主体信誉、提升内容品质、强化媒介功能、精准呈现效果以及融合互动场景等多方面的努力，化解现存的障碍，推动社交媒体体育健康传播朝着更加科学、有序、高效的方向发展。展望未来，随着科技的持续进步，如人工智能、大数据、虚拟现实等新兴技术在社交媒体领域的不断渗透与应用，社交媒体体育健康传播有望迎来更为广阔的发展空间。这些新技术将为传播模式的进一步优化和机制的深度创新提供更多可能性。同时，也期待更多的学者、从业者以及社会各界力量能够关注并投身到这一充满活力的领域中来，共同探索和完善社交媒体语境下体育健康传播的理论与实践路径，为提升全民体育健康素养、促进体育事业的蓬勃发展贡献更为积极且深远的力量。

总之，社交媒体语境下体育健康传播模式建构与机制创新是一个需要持续深耕、不断探索的重要领域。本书的研究只是这一漫长征程中的阶段性成果，愿它能成为一块基石，为后续的研究与实践铺就更为坚实的道路，助力体育健康领域不断取得新的突破，更好地服务于社会大众的体育健康需求。

附录一

调查问卷

微信体育健康信息使用情况调查问卷

尊敬的先生/女士：

您好！非常感谢您抽出宝贵的时间参与本次问卷调查。当下，社交媒体在体育健康传播领域扮演着愈发重要的角色，深刻影响着人们获取体育健康信息以及与之互动交流的方式。为深入探究"社交媒体语境下体育健康传播模式建构与机制创新研究"这一课题项目，我们特聚焦于微信平台，开展此次关于微信体育健康信息使用情况的专项调查。

您作为微信的广大用户之一，您在平台上对于体育健康信息的使用习惯、获取渠道、关注内容以及分享行为等各方面情况，都将为我们的研究提供极具价值的数据支撑，有助于我们全面且深入地了解社交媒体语境下体育健康传播在微信平台的实际状况，进而为建构科学合理的传播模式与探索创新机制贡献重要依据。

本次问卷调查采用匿名方式进行，您所提供的所有信息都将严格保密，仅用于学术研究的统计分析，不会泄露给任何第三方，请您放心如实作答。再次感谢您对我们研究工作的大力支持与配合！

一、基本信息

您的年龄是（　　）

  A.15—20 岁　　　　　　F.41—45 岁

  B.21—25 岁　　　　　　G.46—50 岁

  C.26—30 岁　　　　　　H.51—55 岁

  D.31—35 岁　　　　　　I.56 岁及以上

  E.36—40 岁

您的性别是（　　）

  A. 男

  B. 女

您所在的城市是（　　）

  A. 一线城市

  B. 二线城市

  C. 三线城市

  D. 四线城市

您的职业是（　　）

  A. 学生　　　　　　　　E. 自由职业者

  B. 公务员　　　　　　　F. 退休人员

  C. 企业职工　　　　　　G. 无业

  D. 个体经营者

您的最高学历是（　　）

  A. 小学　　　　　　　　E. 本科

  B. 初中　　　　　　　　F. 硕士

  C. 高中 / 中专　　　　　G. 博士

  D. 大专

二、微信使用习惯

您每天使用微信大约多长时间？（ ）

A. 不足 1 小时

B. 1—2 小时

C. 2—3 小时

D. 3—4 小时

E. 4—5 小时

F. 5 小时以上

您使用微信的主要目的是什么？（ ）（可多选）

A. 聊天

B. 获取资讯

C. 娱乐（游戏、短视频等）

D. 工作/学习

E. 购物支付

F. 体育健康相关

G. 其他（请注明）

您是否通过微信关注体育健康相关内容？（ ）

A. 是

B. 否

三、体育健康信息获取渠道

您是否通过微信公众号获取体育健康信息：（ ）

A. 是

B. 否

您是否通过微信朋友圈获取体育健康信息？（ ）

    A. 是

    B. 否

您是否通过微信群聊获取体育健康信息？（ ）

    A. 是

    B. 否

您是否通过微信视频号获取体育健康信息？（ ）

    A. 是

    B. 否

您是否通过微信搜索获取体育健康信息？（ ）

    A. 是

    B. 否

四、体育健康内容关注类型

您是否关注健身训练相关内容（如健身动作、训练计划）？（ ）

    A. 是

    B. 否

您是否关注体育赛事相关内容（如赛事报道、赛程安排、赛事分析）？（ ）

    A. 是

    B. 否

您是否关注健康养生相关内容（如饮食建议、心理健康知识）？（ ）

    A. 是

    B. 否

您是否关注运动损伤相关内容（如损伤预防、康复方法）？（　）

A. 是

B. 否

五、体育健康信息分享行为

您是否会主动在微信上分享体育健康信息？（　）

A. 是

B. 否

您分享体育健康信息的主要渠道是：（　）（可多选）

A. 朋友圈

B. 微信群聊

C. 私信

D. 公众号文章转发

E. 视频号分享

F. 其他（请注明）

您分享体育健康信息的频率如何？（　）

A. 从不

B. 偶尔（每月1—3次）

C. 有时（每月4—6次）

D. 经常（每周1—2次）

E. 频繁（每周3次及以上）

您分享体育健康信息的原因是：（　）（可多选）

A. 觉得内容有用

B. 内容有趣

C. 希望帮助他人

D. 为了社交

E. 展示自己对体育健康的关注

F. 其他（请注明）

六、信息来源信任度

您对官方体育机构微信公众号的信任程度如何？（ ）

A. 非常信任

B. 比较信任

C. 一般

D. 不太信任

E. 不信任

您对体育明星个人微信公众号的信任程度如何？（ ）

A. 非常信任

B. 比较信任

C. 一般

D. 不太信任

E. 不信任

您对专业体育媒体微信公众号的信任程度如何？（ ）

A. 非常信任

B. 比较信任

C. 一般

D. 不太信任

E. 不信任

您对健身机构微信公众号的信任程度如何？（　　）

  A. 非常信任

  B. 比较信任

  C. 一般

  D. 不太信任

  E. 不信任

您对医疗健康机构微信公众号的信任程度如何？（　　）

  A. 非常信任

  B. 比较信任

  C. 一般

  D. 不太信任

  E. 不信任

您对民间体育达人微信公众号的信任程度如何？（　　）

  A. 非常信任

  B. 比较信任

  C. 一般

  D. 不太信任

  E. 不信任

附录二

访谈提纲

一、访谈目的

本次访谈聚焦于"社交媒体语境下体育健康传播模式建构与机制创新研究"这一课题,旨在深入了解不同用户在社交媒体体育健康传播场景下的实际体验、行为模式以及对现有传播模式和机制的认知与评价,进而获取有助于建构科学合理的体育健康传播模式、探索创新机制的一手资料,为优化社交媒体体育健康传播效果、推动体育健康事业在新媒体环境下的发展提供参考依据。

二、访谈对象

选取具有不同年龄、性别、职业背景且频繁使用社交媒体体育健康板块的用户,涵盖普通体育爱好者、健身达人、专业体育从业者(如体育教练、体育媒体工作者等)以及关注健康养生的普通大众等,确保样本的多样性与代表性,以全面反映社交媒体体育健康传播在不同群体中的实际情况。

三、访谈方式

采取一对一深度访谈的形式，可根据访谈对象的实际情况灵活选择线上（视频会议、语音通话等）或线下面对面访谈的方式进行。访谈前会提前与访谈对象沟通确定访谈时间和方式，确保访谈过程不受干扰，同时向访谈对象说明访谈将进行全程录音（在征得对方同意的前提下），访谈结束后会及时整理访谈内容，严格遵循保密原则，仅将访谈资料用于本课题的学术研究。

四、访谈内容

（一）基本信息了解（5—8分钟）

1. 首先，请您简单介绍一下自己，包括您的姓名、性别、年龄、学历以及职业情况，方便我对您有个整体的认识。

2. 您平时对体育健康方面的关注大概处于一个什么样的程度，是偶尔参与运动锻炼、比较热衷体育活动，还是本身就从事和体育健康相关的工作？

（二）社交媒体体育健康板块使用情况（10—15分钟）

1. 您使用社交媒体体育健康板块多久了？最初是受什么因素的吸引，开始接触并使用这一板块的（比如自身健康需求、朋友推荐、偶然看到感兴趣的内容等）？

2. 您经常使用的社交媒体平台有哪些（例如微博、微信、抖音、小红书、体育类专业APP等）？在这些平台的体育健康板块中，您觉得哪个平台的使用体验相对更好一些？为什么会有这样的感受（可以从界面设计、功能实用性、内容质量等方面谈谈）？

3. 您在各个平台的体育健康板块里，通常会重点关注哪些类型的内容

(像健身训练指导、体育赛事资讯、健康养生知识、运动心理调节、体育文化传播等)？这些内容对您来说有什么特别的价值或者吸引力？

(三)使用行为与习惯(15—20分钟)

1. 您平均每周会花费多长时间在社交媒体体育健康板块上？使用的频率是怎样的(比如每天都会浏览、隔几天用一次等)？

2. 在使用过程中，您更倾向于通过主动搜索还是平台推送来获取体育健康信息？您觉得目前平台的信息推送机制精准度如何，是否符合您对体育健康内容的实际需求？

3. 您是否会参与平台上体育健康板块的互动功能(比如点赞、评论、转发、参与话题讨论、加入线上社群等)？您觉得这些互动行为对您深入了解体育健康知识以及融入体育健康社交圈子有什么帮助？

(四)需求满足与影响(15—20分钟)

1. 您使用社交媒体体育健康板块最希望满足的核心需求是什么(可以从知识获取、行为指导、社交互动、情感寄托、自我展示等多个维度阐述)？您觉得目前这些平台在多大程度上满足了您的这些需求？

2. 在满足您体育健康需求的过程中，您觉得社交媒体平台上的哪些传播主体(比如官方体育机构、专业体育媒体、体育明星、健身达人、普通用户等)对您的影响比较大？他们是通过什么样的方式影响您(例如提供专业知识、分享亲身经历、营造积极氛围等)？

3. 从您自身角度来看，使用社交媒体体育健康板块之后，在体育知识储备、运动技能提升、健康生活习惯养成以及心理健康状态等方面有没有产生一些明显的变化？您可以具体说一说这些变化以及您认为是通过哪些具体的传播内容或者互动方式带来的改变。

（五）传播模式认知（15—20分钟）

1. 基于您的使用经验，您觉得当前社交媒体体育健康传播呈现出了哪些比较典型的模式？您能结合自己参与过的具体案例或者场景来说明一下这些模式是如何运作的？

2. 在您看来，这些传播模式各自有哪些优势和不足？比如在信息传播的准确性、覆盖面、互动性以及对用户行为改变的引导性等方面，您觉得它们分别表现得怎么样？

3. 您认为不同的社交媒体平台在体育健康传播模式上有没有形成一些差异化的特点？这些特点又是如何影响您在不同平台上的使用选择以及信息获取和互动行为的？

（六）机制创新看法（15—20分钟）

1. 对于社交媒体体育健康传播机制的创新，您之前有过一些了解或者关注吗？您觉得目前在哪些方面是比较需要进行创新改进的（例如内容生产机制、传播渠道拓展机制、用户激励机制、效果评估机制等）？

2. 从用户的角度出发，您认为怎样的创新机制能够更好地激发用户参与体育健康传播的积极性（比如提供个性化的内容服务、设立有趣有意义的互动奖励、增强用户之间的社交连接等）？您可以结合自己在使用过程中的一些感受或者期望来谈谈。

3. 在您看来，如果要实现社交媒体体育健康传播模式的有效建构和机制创新，平台方、传播主体以及用户这三方各自应该发挥怎样的作用？您觉得三方之间如何更好地协同配合，才能推动整个体育健康传播在社交媒体语境下朝着更良性、高效的方向发展？

（七）对未来发展的期望（10—15分钟）

1. 展望未来，您希望社交媒体体育健康传播在内容呈现形式上（比如文字、图片、视频、直播、虚拟现实等)有哪些新的发展和变化?您觉得这些新形式对于传播体育健康知识、促进用户参与会带来哪些积极的影响?

2.针对目前社交媒体体育健康传播中可能存在信息质量参差不齐、虚假信息干扰等问题,您认为未来可以通过哪些方式(比如加强审核监管、提高用户媒介素养、完善举报机制等)来进一步优化传播环境,保障用户获取到高质量、可靠的体育健康信息?

3.您对整个社交媒体体育健康传播未来的发展方向还有什么其他的期望或者想法吗?您觉得它会给我们的生活以及体育健康事业带来哪些更深远的影响?

参考文献

[1] 中共中央国务院"健康中国2030"规划纲要[EB/OL]. http://www.gov.cn，2016-10-25.

[2] 中共中央国务院健康中国行动（2019—2030年）[EB/OL]. http://www.gov.cn/xinwen/2019-07/15/content_5409694.htm，2019-7-15.

[3] 习近平. 习近平在全国卫生与健康大会上强调 把人民健康放在优先发展战略地位努力全方位全周期保障人民健康[J]. 党建，2016（9）：4-6+9.

[4] 中华人民共和国国民经济和社会发展第十四个五年规划和2035年远景目标纲要[N]. 人民日报，2021-03-13：001.

[5] 喻国明，路建楠. 中国健康传播的研究现状、问题及走向[J]. 当代传播，2011（1）：12-13+21.

[6] 杨桦，仇军，陈琦，等. 新时代我国体育哲学社会科学研究现状与发展趋势——基于国家"十四五"体育学发展规划调研分析[J]. 体育科学，2020，40（8）：3-26.

[7] KRAFT J M，WILKINS K G，MORALES G J，et al. An Evidence Review of Gender-Integrated Int erventions in Reproductive and Maternal-Child Health[J]. Journal of Health Communication，2014，19（sup1）：122-141.

[8] 吴丹，万晓红，彭羽丰. 21世纪以来我国体育传播研究的发展进路与未来展望（2000—2020）[J]. 体育科学，2022，42（1）：45-58.

[9] 李有强，张业安. 中国体育健康传播的概念内涵、发展状况与未来展望[J]. 武汉体育学院学报，2022，56（8）：28-35.

[10] 郭晴，黄敬意，黄黎新，等. 如何定义体育健康传播——基于后社会发展理论 [J]. 上海体育学院学报，2023，47（3）：1-11.

[11] 张业安. 青少年运动健康传播模式：理论框架、变量关系及效果评估 [J]. 成都体育学院学报，2018，44（2）：24-30.

[12] 芮牮，刘颖. 健康传播效果研究的缺失与路径重构 [J]. 新闻与写作，2020（08）：59-67.

[13] 彭兰. 社会化媒体、移动终端、大数据：影响新闻生产的新技术因素 [J]. 新闻界，2012（16）：3.

[14] 谭天，张子俊. 我国社交媒体的现状、发展与趋势 [J]. 编辑之友，2017（01）：20-25.

[15] 姚静. 体育社交媒体对我国居民体育锻炼行为的干预研究 [J]. 西安体育学院学报，2016，33（05）：565-568.

[16] Andreas M. Kaplan，Michael Haenlein. Users of the world，unite! The challenges and opportunities of Social Media[J]. Business Horizons，2009，53（1）.

[17] 查禹，苏蔚平. 新媒体语境下体育传播话语的"同情表达"研究——基于情感社会学的视角 [A]. 中国体育科学学会. 第十一届全国体育科学大会论文摘要汇编 [C]，2019：2.

[18] 魏薇. 社交媒体影响下的新媒体写作趋势研究 [J]. 记者观察，2023（36）：26-28.

[19] 郑满宁. 缺位与重构：新媒体在健康传播中的作用机制研究——以北京、合肥两地的居民健康素养调查为例. [J]. 新闻记者，2014（9）：81.

[20] 张自力. 健康传播学 [M]. 北京：北京大学出版社，2009：42.

[21] 李有强. 从大众传媒到社交媒体：美国借助现代传媒开展健康促进的发展动向与启示 [J]. 体育科学，2017，37（6）：52-61.

[22] 胡百精.健康传播观念创新与范式转换——兼论新媒体时代公共传播的困境与解决方案[J].国际新闻界,2012,34(06):6-10+29.

[23] 王真真,王相飞,张大超.新型冠状病毒肺炎疫情下体育健康传播公共领域的建构[J].沈阳体育学院学报,2021(01):1-8.

[24] Sailer,M.,Hense,J.U.,Mayr,S.K.,et al. How gamification motivates: An experimental study of the effects of specific game design elements on psychological need satisfaction. Computers in Hu lman Behavior,2017:371-380.

[25] 韩纲.传播学者的缺席:中国大陆健康传播研究十二年——一种历史视角[J].新闻与传播研究,2004(01):64-70+96.

[26] 阎晋虎,于晓梅,张业安,等.人机交互情景下的体育健康传播:受众风险与疏解路径[J/OL].广州体育学院学报,2023.04.11.

[27] 时丹.新媒体视域下的体育健康传播策略[J].广西教育,2021(07):158-159.

[28] 彭宁.健康传播学视阈下全民健身活动的开展策略研究[J].北京体育大学学报,2016(02):11-15.

[29] 匡文波,武晓立.基于微信公众号的健康传播效果评价指标体系研究[J].国际新闻界,2019(01):153-176.

[30] 刘双庆,涂光晋.社会网络分析视野下的健康传播[J].现代传播(中国传媒大学学报),2016(04):46-50.

[31] 张坤.微信朋友圈用户健康信息转发行为形成机理与概念模型的扎根研究[J].图书杂志,2020(06):97-104.

[32] 武晓立.微信用户健康信息分享行为的影响因素研究[J].国际新闻界,2022(10):96-118.

[33] 万里.运动类新媒体应用的传播研究[D].长沙:湖南师范大学,2017(07).

[34] 胡力文. 后疫情时代线上健身的传播与发展探讨——以刘畊宏为例 [J]. 新闻研究导刊，2022，13（19）：41-44.

[35] 姜晓辉. 健康传播视角下运动类 APP 的用户使用效果研究 [D]. 沈阳：辽宁大学，2020（01）.

[36] 张帆. 健身类新媒体的健康传播效果研究 [D]. 成都：西南交通大学，2019（04）.

[37] Toda A M，Oliveira W，Klock A C，et al. A taxonomy of game elements for gamification in educational contexts：Proposal and evaluation[C]//2019 IEEE 19th International Conference on Advanced Learning Technologies （ICALT）. IEEE，2019，2161：84-88.

[38] 刘斌，李芳. 趣味、沉浸与互动：微博体育短视频有效传播的实现路径 [J]. 沈阳体育学院学报，2021（04）：66-72.

[39] 武晓立. 游戏化思维在健康传播中的应用 [J]. 青年记者，2020（36）：38-39.

[40] 姜亚. 基于社交媒体的运动健康传播效果评估指标构建及实证研究 [D]. 沈阳：沈阳体育学院，2022（04）.

[41] 苏婧. 健康传播 4.0：从精英主导到平等对话 [J]. 新闻战线，2017，（12）：15-16.

[42] 曹昂. 健康意义、另类视角与本土情境——"文化中心路径"对健康传播学的批判与重构 [J]. 新闻与传播研究，2020，27（07）：57-76+127.

[43] 宫贺. 对话何以成为可能：社交媒体情境下中国健康传播研究的路径与挑战 [J]. 国际新闻界，2019，41（06）：6-25.

[44] 吴丹，万晓红，彭羽丰. 21 世纪以来我国体育传播研究的发展进路与未来展望（2000—2020）[J]. 体育科学，2022，42（01）：45-58.

[45] 莱文森. 数字麦克卢汉 [M]. 北京：社会科学文献出版社，2001.

[46] 陈虹，梁俊民. 新媒体环境下健康传播发展机遇与挑战 [J]. 新闻记者，

2013，（05）：60-65.

[47] Reeves B，Lang A. The Effects of Screen Size and Message[J]. Media psychology，1999，1：49-67.

[48] 喻国明．传播学的学术创新：原点、范式与价值准则——在"反思传播学圆桌论坛"上的发言 [J]．国际新闻界，2018，40（02）：109-117.

[49] 喻国明，杨颖兮．横竖屏视频传播感知效果的检测模型——从理论原理到分析框架与指标体系 [J]．新闻界，2019，（05）：11-19.

[50] 高丽华，顾博涵．主动健康共同体的构建：互联网群体传播的视角 [J]．现代传播（中国传媒大学学报），2023，45（01）：19-27.

[51] 王军峰．场景化思维：重建场景、用户与服务连接 [J]．新闻与写作，2017，（02）：97-99.

[52] Racine E F，DeBate R D，Gabriel K P，et al. The relationship between media Use and psychological and physical assets among third‐to fifth‐grade girls[J]. Journal of school health，2011，81（12）：749-755.

[53] 蒋晓丽，贾瑞琪．游戏化：正在凸显的传播基因——以媒介演进的人性化趋势理论为视角 [J]．中国编辑．2017（08）：8-13.